DONDE HABITAN LAS PALABRAS

POEMAS Y REFLEXIONES DE UN TERAPEUTA

Luis Fernando López Martínez

DONDE HABITAN LAS PALABRAS

POEMAS Y REFLEXIONES DE UN TERAPEUTA

Luis Fernando López Martínez

Donde habitan las palabras. Poemas y reflexiones de un terapeuta

© 2026 Luis Fernando López Martínez

Primera edición, 2026

Director de colección: Eduardo Torres
Directora de producción: M.ª Rosa Castillo
Corrección: Nuria Barroso
Maquetación: D. Márquez
Diseño de la cubierta: cuantofalta.es

© 2026 Editorial Sentir es un sello editorial de Marcombo, S. L.
Avenida Juan XXIII, n.o 15-B
28224 Pozuelo de Alarcón. Madrid
www.editorialsentir.com
Contacto: sentir@marcombo.com

© 2026 Colección Sentilibros

ISBN: 978-84-267- 4154-7
D. L.: B 8967-2026

Impresión: Servicepoint
Printed in Spain

Libro ecológico
Impreso con papel procedente de bosques gestionados de manera eficiente, libre de cloro.

A mi madre

Índice

PRÓLOGO

Querido lector, querida lectora,

Le invito a abrir estas páginas con todos sus sentidos despiertos. Esta obra no tiene como único propósito su lectura, también pretende que sienta cada una de sus palabras, que permita que los silencios hablen y que deje que las imágenes que nacen de los versos encuentren un lugar en su interior. Esta obra no busca únicamente explicar o describir, sino conmover, sacudir, abrazar y acompañar. Párese un instante, respire con calma, antes de sumergirse en ella y dispóngase a sentir: la poesía aquí es refugio, pero también espejo; es susurro íntimo y, a la vez, voz colectiva.

Este libro está pensado para todas las personas, vengan de donde vengan y se dediquen a lo que se dediquen. Puede interpelar a profesionales de la salud mental, de la educación o del ámbito social, pero también a familiares, amigos, o a quienes simplemente busquen comprender mejor el sufrimiento humano y la fuerza transformadora de las palabras, y de los silencios. Porque lo que aquí se recoge trasciende diagnósticos y disciplinas: habla del cansancio del alma, de la vulnerabilidad y del permiso, territorios universales que nos igualan a todos.

Recuerdo con claridad el día que Luis Fernando me llamó por teléfono para hablarme de este proyecto editorial. Hasta entonces, había caminado de su mano en otras publicaciones de gran impacto social y clínico, especialmente aquellas centradas en la prevención del suicidio,[1] donde la urgencia era salvar vidas y ofrecer a profesionales y familias recursos concretos. Aquellas obras eran imprescindibles, técnicas y profundamente comprometidas con el dolor humano, y desde Sentir nos enorgullece haberlas acogido.

Sin embargo, esta vez su voz sonaba distinta. Desde el primer minuto comprendí que lo que compartía conmigo nacía de otro lugar: de un espacio íntimo, más personal, en el que su mirada de terapeuta se entrelazaba con la de poeta. Era un proyecto muy diferente a su trayectoria previa, un libro que no aspiraba a ser manual ni guía clínica, sino un testimonio delicado de lo que también habita en él: esa parte callada que siempre ha estado presente, aunque permaneciera oculta tras su trabajo profesional.

Me conmovió intuir que, a través de sus versos, Luis Fernando no solo nos dejaría entrar en su mundo interior, sino que abriría un puente para que muchas personas pudieran reconocerse en sus palabras. Porque en su poesía late algo universal: el vacío, la vulnerabilidad, las cicatrices invisibles... pero también la ternura, la esperanza y la posibilidad de permanecer. Fue entonces cuando comprendí que este libro no solo sería valioso por lo que cuenta, sino por lo que despierta en quienes lo leen: la certeza de que incluso en los silencios más hondos podemos encontrarnos unos a otros.

---

1 López Martínez, L. F. (2025). *El silencio que nos abraza.* Editorial Sentir. López Martínez, L. F. (Coord.). (2022). *Abordaje integral de prevención de la conducta suicida y autolesiva.* Editorial Sentir

Cuando además me ofreció el honor de inaugurar esta obra —que enlaza poesía, emociones profundas y compromiso ético— sentí al instante la fuerza de una llamada: honrar a Luis Fernando, no solo como amigo querido, sino como poeta y profesional ejemplar.

La poesía del autor ofrece consuelo, reflexión y esperanza: palabras que curan, que encuentran el vacío, lo nombran y, por ello, lo transforman. Desde mi posición como psicóloga sanitaria, he aprendido que las palabras tienen el poder de sostener la vida: nombrar el dolor lo hace visible, compartirlo lo hace menos voraz, acompañarlo lo hace soportable. Luis Fernando no solo lo ha comprendido; lo ha convertido en praxis literaria y clínica.

Vivimos en lo que algunos han llamado la *sociedad del cansancio*, atrapados en la cronopatía —esa aceleración que nos empuja a creer que nunca hay tiempo suficiente— y en una constante búsqueda de placer inmediato que a menudo desemboca en relaciones líquidas, adicciones sutiles, normalizadas, disfrazadas de ocio o consumo. En medio de ese vértigo, los vínculos humanos se resienten: la fragilidad del apego, la cultura del individualismo y del exhibicionismo convierten lo íntimo en escaparate y lo relacional en un intercambio efímero, dejando tras de sí una sensación de vacío que ni las pantallas ni las promesas de productividad consiguen llenar.

En este contexto, la irrupción de los chatbots conversacionales y, más aún, de los chatbots psicoterapéuticos, nos interpela con fuerza. Son herramientas útiles, sí, pero incapaces de sentir, de sostener con humanidad un silencio compartido, de ofrecer esa mirada cálida que sana. Nos enfrentamos a una crisis de los vínculos: un tiempo en el que la infancia, cada vez más relegada a espacios "adults only", se encuentra en peligro de extinción, y donde la soledad no deseada y el incremento de los problemas de salud mental se han convertido en una epidemia silenciosa.

Es en este escenario donde la palabra poética y clínica de Luis Fernando adquiere una relevancia incalculable: porque recuerda que somos, antes que nada, seres necesitados de encuentro, de afecto y de verdad.

La humanidad es, ante todo, emocional. No hay forma de relacionarnos con el mundo que no pase por la emoción: alegría, enfado, tristeza, miedo, amor. Todo lo que somos se entreteje en ese registro invisible que nos vincula y nos mueve. Por eso, en una época en la que buscamos experiencias cada vez más intensas —actividades que nos reten, que nos conecten, que nos devuelvan el sentido de estar vivos— también emergen con más fuerza nuestras fragilidades emocionales. La pasividad de los cuerpos, confinados en rutinas sedentarias y pantallas, se transforma inevitablemente en pasividad de la mente, volviéndonos más vulnerables a un mundo incierto, veloz y emocionalmente amenazante.

En este contexto no hay fórmulas psicomágicas ni productos ultraprocesados que nos garanticen bienestar. Lo humano no se cura con atajos ni con promesas vacías. Las heridas que llevamos —esas cicatrices invisibles que no siempre se ven, pero que pesan en el alma— necesitan ser reconocidas y acompañadas con ternura. Aquí la labor de Luis Fernando cobra una relevancia profunda: él no cede a la tentación de la *trastornitis* ni de la etiqueta fácil, sino que mira más allá del diagnóstico para encontrarse con la persona. Frente a sí no hay un caso, hay un ser humano que sufre, y es desde ahí donde despliega su trabajo de arquitecto de almas, acompañando con respeto, paciencia y humanidad el dolor más profundo del ser humano.

Constantemente nos encontramos ante las paradojas de la vida, donde necesitamos la tristeza para reconocer la alegría, el ruido para valorar el silencio, la ausencia para apreciar la presencia. Sabemos que hay palabras que duelen cuando se pronuncian, pero aún duelen más cuando nunca llegan a decirse, quedando suspendidas en el tiempo como heridas abiertas que nadie reconoce.

En este libro, Luis Fernando nos recuerda que esas palabras —las dichas y las calladas— habitan en nosotros y merecen un espacio digno para ser escuchadas, acompañadas y transformadas. Su poesía es un puente que une silencio y expresión, la ausencia y la presencia, el dolor y la paz interior.

Al leer estas páginas, descubrimos que la capacidad de resiliencia y de transformación es también un acto de fe en lo humano. Luis Fernando lo hace en cada verso y en cada encuentro clínico: confiando en que toda herida puede sanarse si se comprende, si se dignifica y si se envuelve en un baño de ternura. La ciencia ha estudiado con minuciosidad el dolor, ha categorizado síntomas y diseñado protocolos; pero todavía nos falta recorrer el camino de las fortalezas, de aquello que nos sostiene, incluso cuando todo parece derrumbarse. No dejemos que el algoritmo decida por nosotros cómo sentir, cómo vivir, cómo sanar. La palabra poética, el encuentro humano y la mirada compasiva siguen siendo los espacios donde la vida se rehace.

Por ello, esta obra no es solo un libro de poemas ni una reflexión clínica más; es una respuesta ética y estética a los desafíos de nuestro tiempo. En cada verso late la resistencia frente al olvido del otro, frente al riesgo de reducirnos a consumidores de experiencias fugaces o a interlocutores de máquinas que simulan comprendernos. La poesía de Luis Fernando, nacida de su labor como terapeuta y de su compromiso vital, nos devuelve la certeza de que aún podemos sostener la vida con palabras que cuidan, con silencios que acompañan, con gestos que nos devuelven humanidad en medio de la incertidumbre. Y en esa certeza se encuentra la verdadera esperanza de esta obra: recordarnos que, aunque la sociedad actual intente arrastrarnos hacia la desconexión, siempre habrá palabras habitables que nos mantengan conectados.

Este libro recoge 15 poemas que narran diferentes escenarios de nuestra bonita pero desafiante profesión, donde cada palabra se convierte en un espejo que refleja tanto el dolor como la esperanza. Gracias, Luis Fernando, por compartir con nosotros este refugio silencioso, este espacio íntimo en el que late con fuerza el arte de acompañar sin invadir, de sostener sin imponer, de transitar con el otro por los caminos más inciertos de la vida.

En estas páginas se despliega el latido de la vida, la dignidad de existir ante la mirada del otro, la cartografía del silencio que tantas veces nos guía cuando las palabras se vuelven insuficientes. Cada poema es también un homenaje a las personas que han confiado en él, a quienes han entregado su fragilidad y su verdad, y que aquí encuentran reconocimiento a pérdidas ambiguas o duelos invisibilizados, no siempre legitimados por la sociedad.

La psicoterapia aparece como ese interruptor que, en medio de luces y sombras, enciende habitaciones vacías, recordándonos que incluso en los momentos más oscuros puede nacer un resplandor. Estos versos nos invitan a contemplar el cansancio del alma, el valor del silencio y el destino indeterminado de las palabras, pero también la delicia de acompañar cada poema con la presentación de un caso clínico, donde teoría y vida se entrelazan con el coraje de un profesional que no se rindió.

Por ello, esta editorial celebra y agradece profundamente que nuestro estimado autor haya confiado en Sentir para compartir este conjunto de voces. Su poesía se suma a aquel corazón abierto que nos recuerda por qué estamos aquí: para acompañar, para curar, para construir redes de cuidado.

Este libro nos enseña a aprender a identificar el sufrimiento que no siempre se dice, especialmente aquel que no está en las palabras, y a comprender la terapia como un idioma ofrecido con cuidado: unas palabras más amables, una reconexión con la voz propia y no con narrativas ajenas. Desde el permiso al silencio hasta la capacidad de transformación, no solo a través de lo dicho, sino también de lo callado, emerge la resiliencia, el reconocimiento a las cicatrices visibles e invisibles, a la piel y al cuerpo como testigos de la historia humana.

En estas páginas se abre un espacio para la salvación a través del amor, para la oportunidad de abrazar a nuestro niño o niña interior, para reconocer también la fragilidad de nuestra profesión, donde cada sesión nos toca más allá del plano clínico. Porque al sanar a otros también tocamos nuestras propias heridas, y esa es la belleza y el desafío de este oficio que exige implicación emocional.

El autor nos recuerda que este camino se recorre con humildad, sin capas de superhéroes ni pretensiones de *salvador,* sino con la autenticidad de las palabras y del silencio reparador. Una invitación a permanecer presentes y humanos, con la certeza de que acompañar es siempre un acto de amor y de coraje.

Querido Luis Fernando: gracias. Gracias por poner tus palabras al servicio de quienes más las necesitan, gracias por mostrarnos que la poesía es también un acto de intervención. Que esta obra encuentre el eco que merece, y que cada lector logre escuchar en ella al amigo que, con voz firme y cálida, se alza para decir: hay salida. Hay vida. Hay esperanza.

Con afecto profesional y personal,

Mercedes Bermejo

En Lozoya, 31 de agosto de 2025

INTRODUCCIÓN

Hay espacios donde las palabras no se limitan a ser pronunciadas, sino que encuentran un lugar donde quedarse, donde habitar. Espacios en los que las palabras no nacen para explicar, convencer o definir, sino para sostener, para ofrecer cobijo cuando el silencio pesa demasiado y el dolor ya no sabe cómo decirse.

Fue precisamente en ese territorio donde este libro comenzó a gestarse; en ese rincón donde el lenguaje deja de ser una herramienta técnica para transformarse en un susurro imprescindible. Dentro de las paredes de una consulta, he presenciado relatos que desbordan cualquier diagnóstico, silencios que hablan con más fuerza que cualquier discurso, y miradas que, sin necesidad de voz, suplicaban que alguien pusiera nombre a lo innombrable.

Desde hace muchos años, la poesía ha sido para mí un refugio silencioso, un espacio íntimo en el que volcar el sentir y transitar de la vida. Durante largo tiempo, esos versos quedaron resguardados en la esfera personal y familiar, como si fuesen un diálogo secreto con mis propias emociones, un modo de sostenerme en medio de las certezas que nunca llegaron y de las preguntas que siempre permanecieron.

Ahora, en el ecuador de mi vida —ese punto en el que la experiencia, ya sea corta o larga, pesa lo suficiente como para mirarse con honestidad— siento la necesidad de abrir ese refugio. De compartir aquello que durante años me ha acompañado en silencio. Porque, sabiéndome siempre más cercano a la duda que a las verdades absolutas, he comprendido que hay palabras que no pueden quedarse solo para uno mismo.

Donde habitan las palabras es el reflejo fiel de ese recorrido. No pretende ser un manual clínico, pero tampoco se limita a ser un compendio de poemas. Es, más bien, un intento honesto de acercarme, a través de la poesía y la reflexión, a esas vivencias humanas que, como terapeuta, he acompañado y, sobre todo, me han enseñado.

Cada poema que aquí se presenta no nace de la teoría, sino de la experiencia compartida con quienes, en algún momento, ocuparon el espacio frente a mí, llevando consigo sus duelos, sus vacíos, sus heridas o esas esperanzas resquebrajadas que aún buscaban sostén. No son relatos literales -porque el respeto a la confidencialidad es, sin duda, el primer acto de cuidado-, pero sí son ecos leales de lo escuchado, de lo sentido, de lo acompañado. Son la forma poética de esos silencios que llenan la consulta cuando el dolor ya no puede explicarse, pero sí puede ser respirado, compartido, junto a otro.

Las reflexiones que acompañan cada poema no pretenden interpretar ni ofrecer respuestas cerradas, sino aportar un contexto desde la mirada de quien, como terapeuta, se permite ser tocado por cada historia. Porque en este oficio, uno aprende pronto que no se trata de mantenerse al margen, sino de estar presente, incluso cuando ese estar implica caminar al borde de los abismos ajenos.

A lo largo de estas páginas se habla del vacío que corroe el sentido de la vida, de las palabras que son capaces de construir, pero también de destruir, de la piel como mapa donde el dolor deja sus huellas, del amor como última trinchera frente a la desesperanza, de infancias relegadas al olvido, de la pesada carga de las ausencias, de puertas que nunca terminan de cerrarse, de silencios que lo dicen todo y del delicado arte de acompañar sin invadir.

Sin embargo, por encima de todo, este libro habla de la permanencia. De ese acto profundo que, tanto en la poesía como en la terapia, consiste no en ofrecer soluciones, sino en saber estar. Estar con palabras cuando es necesario, y con silencios cuando son más elocuentes, pero siempre con la certeza de que acompañar es, en esencia, resistir junto al otro. Sin prisas. Sin juicios. Sin falsas promesas.

Quien decida adentrarse en estas páginas encontrará más preguntas que certezas, más susurros que afirmaciones rotundas. Porque así es el dolor humano: no espera ser resuelto, sino reconocido.

Este libro es, en última instancia, un homenaje sincero a todas aquellas personas que me han permitido caminar a su lado en sus horas más oscuras. Personas que, sin saberlo, me mostraron que las palabras, cuando se pronuncian o se callan con respeto, pueden convertirse en refugio, en espejo o en ese puente invisible que impide que alguien se abandone al vacío.

Gracias por abrir estas páginas. Ojalá cada poema y cada reflexión lo acompañen como esas voces que, incluso en medio del silencio más denso, nos recuerdan que no estamos solos.

Porque allí, donde habitan las palabras, también late la vida.

Luis Fernando López-Martínez

NOTA DE CONFIDENCIALIDAD

Las páginas de este libro están habitadas por ecos de historias reales. Cada poema y cada reflexión nacen del privilegio —y de la responsabilidad— de haber acompañado a personas en algunos de los tramos más delicados y profundos de sus vidas. Sin embargo, es imprescindible recordar que, aunque la verdad emocional atraviesa cada palabra, **ninguna de las personas que inspiran estos textos es reconocible**.

Por respeto absoluto a la confidencialidad y a la dignidad de quienes, en algún momento, depositaron su confianza en el espacio terapéutico, **todas las situaciones han sido cuidadosamente modificadas. Los nombres, las edades, los contextos y cualquier dato que pudiera identificar a alguien han sido alterados, combinados o recreados.** Muchas de las historias aquí reflejadas son el resultado de la fusión de distintas vivencias, representando no a una persona concreta, sino a las muchas voces que comparten un mismo dolor, una misma lucha o búsqueda de sentido.

Este libro no pretende contar casos clínicos, ni exponer biografías. Lo que aquí se recoge es la esencia universal del sufrimiento humano, de la resistencia silenciosa, de la esperanza que a veces se disfraza de gesto mínimo. Cada relato es un homenaje, no una exposición.

Quienes trabajamos en el ámbito de la salud mental sabemos que el valor del acompañamiento reside, en gran parte, en la seguridad de que lo compartido en consulta queda resguardado por un pacto ético y humano inquebrantable. Este compromiso ha sido, y es, la base sobre la que se ha construido cada palabra de este libro.

Por ello, invito al lector a recorrer estas páginas entendiendo que no está ante las historias de alguien, sino ante fragmentos de experiencias que podrían pertenecer a cualquiera. Porque el dolor, el vacío, la necesidad de ser escuchados, las cicatrices invisibles o la lucha por permanecer, son territorios comunes que todos, en algún momento, hemos rozado o habitado.

Gracias por leer con respeto, sensibilidad y con la comprensión de que este libro es, ante todo, un acto de cuidado hacia esas voces que, aunque aquí resuenen transformadas, siguen siendo sagradas.

POEMA

1

EL SILENCIO QUE NOS ABRAZA

El mundo se ha vuelto un eco hueco,
un murmullo de sombras que susurran
lo que nunca quisimos escuchar.

El día muere sin resistencia
y la noche se estira como un abismo,
llenando los huecos de lo que fuimos.

El dolor no grita,
se esconde en los rincones de la piel,
late, tenue y constante,
como un reloj que desangra minutos de vacío.

Aquí, en el centro del pecho,
el silencio es un pozo sin fondo,
y caemos, sin final ni propósito,
arrastrando los fragmentos
de un significado que nos ha abandonado.

¿Dónde quedó la luz?
¿Dónde la calidez de un nombre
que antes sostenía al mundo?
Ahora somos islas flotantes,
lejos del mapa,
lejos de todo.

El sufrimiento es un animal dormido,
pero respira,
respira con nosotros,
inhalando nuestra esperanza
y exhalando cenizas.

Intentamos hablarle,
pero el eco de nuestras palabras
se estrella contra su piel impenetrable.

La desconexión es un silencio de otro tipo,
un muro levantado entre nosotros y el aire,
entre la memoria y el ahora.

La vida, ese hilo frágil,
se ha vuelto un nudo,
uno que no sabemos si queremos desatar
o dejar que se cierre para siempre.

En esta ausencia de sentido,
la desesperanza no tiene forma,
pero su peso es el de un océano entero.

Cada paso es un acto de resistencia,
cada aliento, un grito sin voz.
¿Qué queda cuando incluso el horizonte
nos abandona?

Y aun así, en el rincón más oscuro,
algo late, apenas perceptible:
quizá no sea esperanza,
quizá sea solo el eco
de lo que una vez fuimos.
Un eco que no muere,
aunque todo lo demás lo haga.

EXPOSICIÓN POEMA 1

Hay personas que, al cruzar el umbral de la consulta, no llenan el espacio con su presencia, sino que, de algún modo, lo vacían. En lugar de imponer el peso evidente de su sufrimiento, lo esparcen en forma de ausencia, como si cada palabra que no pronuncian y cada gesto que reprimen levantara una barrera invisible entre ellas y el mundo. Laura era una de esas pacientes. Con apenas 17 años, su mirada delataba un tránsito prematuro por demasiadas despedidas silenciosas. No había en ella cicatrices visibles —al menos no en su piel— ni señales alarmantes que movilizaran a su entorno de forma inmediata. Sin embargo, todo en su manera de estar —o más bien de no estar— gritaba en silencio, como si su apatía fuese, en realidad, un desgarrador llamamiento disfrazado de indiferencia.

Así pues, sus padres, desbordados por la preocupación y la incomprensión, describían su estado con palabras como "apatía" o "se ha convertido en una sombra". Narraban cómo aquella joven que antaño encontraba pasión en el piano, en las reuniones con amigas o incluso en las discusiones propias de su edad, se había ido apagando hasta reducir su mundo a un constante "da igual" o "no sé", cuando no era el silencio el que ocupaba el lugar de cualquier intento de conversación, especialmente en las cenas familiares. No obstante, aquello que sus padres no alcanzaban a ver —como tantas veces ocurre cuando se mira desde fuera— era que Laura había decidido desconectarse. En efecto, no se trataba de un acto de rebeldía ni de una elección consciente. Lo que sucedía era mucho más sutil y devastador: una lenta pero implacable erosión del sentido vital.

Desde el primer encuentro, quedó claro que el desafío no consistiría en identificar "qué le pasaba", sino en lograr acceder a ese territorio interno donde las cosas han perdido su nombre y su significado. Cabe destacar que Laura no derramaba lágrimas, no mostraba rabia, ni siquiera asomaba en ella un atisbo de desesperación explícita. Su sufrimiento pertenecía a esa categoría que la psicología clínica reconoce, aunque a menudo le cuesta describir sin reducirlo a frías etiquetas diagnósticas: era la vivencia del vacío, esa desconexión profunda que deja a la persona suspendida en un espacio sin raíces ni horizonte.

Así, cuando, tras varias sesiones, decidió romper el silencio, no emergió una historia de traumas evidentes ni una confesión dramática. Simplemente dijo: "Es como si el mundo se hubiera apagado… y yo me quedé dentro, sin interruptor."

Aquella frase, sencilla en su forma, pero brutal en su contenido, capturaba la esencia de su malestar. En otras palabras, Laura no habitaba en una crisis aguda, sino en una intemperie emocional constante, donde los días se deslizaban sin resistencia y las noches traían consigo un abismo que extendía su sombra sobre cada rincón de su conciencia.

Acompañar a alguien en ese estado supone, por consiguiente, un reto que va más allá del manejo clínico: exige resistir la tentación de llenar el vacío con explicaciones apresuradas o con intervenciones estándar que, en estos casos, resultan tan estériles como invasivas. En este sentido, hay dolores que no claman por soluciones inmediatas, sino por ser reconocidos en su justa dimensión. Laura necesitaba, ante todo, que alguien legitimara su experiencia, que entendiera que su silencio no era desidia, ni su desconexión un mero capricho adolescente, sino una forma de supervivencia cuando el significado de la existencia se desvanece.

Durante muchas sesiones, el diálogo fue escaso; sin embargo, en cada pausa, en cada respiración contenida, Laura comunicaba en un lenguaje que, quienes trabajamos en salud mental, sabemos escuchar: el de aquellas personas que ya no esperan ser rescatadas porque hace tiempo dejaron de creer que al otro lado del puente hubiese algo o alguien esperando. De este modo, su desconexión era absoluta; no había proyectos, no había futuro imaginado, y hasta el pasado parecía difuminarse, como si su propia biografía hubiera perdido peso en el relato de su vida.

Desde una perspectiva clínica, podríamos haber encuadrado su situación bajo la nomenclatura de un episodio depresivo con marcados tintes existenciales, o quizá hablar de un estado disociativo leve, en el que la persona funciona en automático. Pero reducir la vivencia de Laura a un diagnóstico hubiera sido, sin duda, traicionar la complejidad y profundidad de su experiencia. En realidad, lo que palpitaba en el fondo de su estado era algo que, más que los manuales, ha sabido nombrar la literatura: el cansancio del alma, esa fatiga que no afecta al cuerpo, sino al sentido mismo de sostener la vida.

Recuerdo con nitidez aquella sesión en la que, tras un prolongado silencio, Laura susurró: "No es que quiera morir... es que no sé cómo seguir viviendo así."

No pocas veces se escucha en consulta una expresión tan honesta y despojada de artificios. Ahora bien, no había en sus palabras un deseo activo de morir, sino una rendición ante la imposibilidad de vislumbrar alternativas. Su sufrimiento era como ese "animal dormido" que, como bien se refleja en el poema, respira a nuestro lado, devorando cada brizna de esperanza y dejando solo cenizas a su paso.

El trabajo terapéutico con Laura no se fundamentó en ofrecer soluciones rápidas ni en discursos vacíos sobre el valor de la vida. Por el contrario, fue, esencialmente, un ejercicio de presencia, de sostener un espacio donde ella pudiera simplemente ser, sin exigencias, sin necesidad de aparentar estar bien. La intervención avanzó de manera lenta, casi imperceptible; de hecho, a veces bastaba con reconocer que incluso el silencio tiene algo que decir.

Así, poco a poco, comenzamos a tejer microsentidos. No grandes proyectos ni ilusiones a largo plazo, sino pequeñas anclas: una melodía que aún lograba conmoverla, la sensación de caminar bajo la lluvia sin rumbo fijo, una llamada a una amistad o familiar, el simple hecho de acudir puntualmente a consulta, aunque no tuviera palabras para llenar el tiempo. Cada uno de esos gestos, mínimos en apariencia, era, en realidad, una forma de resistir al vacío.

No olvidaré el día en que, al despedirse tras una sesión, Laura comentó casi al pasar: "Hoy he sentido que el aire pesaba un poco menos."

No era la alegría plena, ni una recuperación rotunda; no obstante, sí representaba un leve aflojamiento de ese nudo del que hablo en el poema, ese que oscila entre desatarse o cerrarse para siempre.

Laura nos enseña —como solo algunos pacientes pueden hacerlo— que, incluso cuando el horizonte desaparece y la desesperanza parece infinita, puede quedar algo que late en la penumbra. No siempre es esperanza en su sentido más convencional, pero sí un eco de lo que fuimos y de lo que, tal vez, aún podamos ser si alguien camina a nuestro lado en ese tránsito. Y aunque esos ecos no siempre sean promesas de futuro, son vestigios de identidad, recordatorios de que alguna vez fuimos —y aún somos— algo más.

Porque, en última instancia, acompañar el sufrimiento no consiste en salvar a quien lo padece, sino en estar presente, a veces en silencio, hasta que ese mismo silencio deje de ser un abismo y empiece, poco a poco, a transformarse en un puente.

POEMA

2

LAS PALABRAS CONSTRUYEN O DESTRUYEN.
Y SU ECO ES ETERNO

En el principio, era el verbo, un murmullo arrancado al caos.
De su boca brotaron las lluvias, los océanos dormidos,
los nombres que al tocar las cosas las hicieron reales.

En cada boca habita un temblor,
un leve incendio o una brisa.
Las palabras nacen con sangre,
con hambre de ser escuchadas,
y al tocar el mundo
lo rompen o lo elevan.

Hay palabras que llevan el peso de la lluvia,
otras que acarician como el sol en invierno.
¿Las escuchas?
Son un río que nunca cesa,
que arrastra ramas, piedras,
y la memoria de todos los naufragics.

A veces son un refugio,
un abrazo hecho de aire.
Otras, un latigazo seco,
un muro que nos aísla
del calor humano.

Un "te quiero" puede ser una llave,
pero también un filo escondido.
Un "adiós" puede sembrar jardines
o arrancarlos de raíz.
¿Quién decide el destino
de lo que pronunciamos?

Recuerdo la palabra
que me construyó:
tenía el aroma de los pinos
y la fuerza del mar en calma.
También recuerdo la palabra
que me destruyó:
era un cuchillo frío,
sin sombra ni piedad.

Las palabras no mueren.
Se esconden en los rincones
donde guardamos lo que duele,
donde ocultamos lo que amamos.

Resuenan en los pasillos vacíos,
en las noches más largas,
en el eco de una despedida.

Somos arquitectos de lo invisible,
creamos con el aliento
catedrales de fe
o ruinas de miedo.

Pero nunca vemos las manos
que recogen lo que decimos,
ni los rostros que tiemblan
al sostener nuestros ecos.
Decimos sin pensar,
dejamos palabras caer.

Y su eco...
su eco es eterno.
Rebota en las paredes del tiempo,
se cuela entre las grietas del silencio,
y vuelve, siempre vuelve,
como un murmullo que no sabe callar.

Al final, no somos más
que un manojo de palabras,
las que dijimos,
las que callamos,
las que nos salvaron
y las que nos olvidaron.

EXPOSICIÓN POEMA 2

Marta llegó a consulta sin hacer ruido, tal como lo hacen esos dolores que no necesitan golpear la puerta para anunciarse. En efecto, hay sufrimientos que no irrumpen, sino que se deslizan con sigilo, escondidos en gestos mínimos, en miradas que rehúyen el encuentro, en esa manera de sentarse que parece pedir perdón por ocupar espacio. Desde el primer instante, intuí que Marta no arrastraba un problema concreto, definido, de esos que se pueden señalar con el dedo. Por el contrario, lo suyo era, en realidad, mucho más sutil y complejo de nombrar: Marta venía cargando años de palabras.

Ahora bien, las palabras, tan cotidianas y a menudo subestimadas, pueden ser tan sanadoras como letales. Saben acariciar, pero también desgarrar, y lo más inquietante es que muchas veces hieren sin que nadie repare en la profundidad de su impacto. Marta había crecido envuelta en un lenguaje en apariencia inofensivo, ese que se desliza entre comentarios casuales, correcciones constantes, comparaciones veladas y pequeños desprecios maquillados de normalidad. Así, no hubo gritos. No hicieron falta insultos explícitos. Solo el goteo incesante de frases que, día tras día, fueron erosionando la imagen que tenía de sí misma.

Sin embargo, lo que verdaderamente habitamos no fue tanto el contenido de su historia, sino la manera en que la relataba. Hablaba como quien repite un libreto aprendido, sin margen para cuestionarlo. En ese guion, ella siempre ocupaba el papel de quien no alcanza, de quien sobra o falta según el momento: demasiado sensible, insuficientemente fuerte, muy callada, demasiado intensa. Había interiorizado ese discurso hasta el punto de que ya no necesitaba que nadie le recordara sus supuestas carencias; su propia mente había asumido el relevo con una disciplina implacable.

El dolor de Marta era de esos que no dejan huellas visibles, lo cual los hace aún más difíciles de reconocer. Y es precisamente en este contexto donde reside uno de los grandes retos de la práctica clínica: aprender a identificar el sufrimiento que no se expresa en llanto ni en crisis evidentes, ese que se manifiesta en la incapacidad de aceptar una palabra amable sin sospecha, en la dificultad para imaginar un futuro sin la pesada carga de pedir disculpas por existir.

En este sentido, quienes trabajamos en el ámbito de la salud mental sabemos bien que el dolor emocional adopta formas diversas, muchas veces imperceptibles para quienes no están atentos a los matices. Hay pacientes que llegan desbordados, clamando por alivio inmediato. No obstante, también están aquellos, como Marta, cuya herida ha sido tan normalizada que ni siquiera creen tener derecho a nombrarla. Son personas que han aprendido a convivir con la herida abierta, como si formara parte intrínseca de su ser.

Acompañar estos procesos exige una delicadeza que va más allá de la técnica. Por consiguiente, no se trata de señalar la fractura —ellos ya viven con esa certeza impuesta—, sino de ofrecer un espacio donde puedan, por primera vez, plantearse si realmente merecen cargar con todo ese peso.

Durante las primeras sesiones, Marta apenas podía hablar de sí misma sin teñir sus palabras de autocrítica. Cada descripción personal llevaba implícita una descalificación, como si no concibiera otra forma de referirse a quien era. No era consciente de ello; simplemente, era el idioma con el que había aprendido a pensarse.

El sufrimiento de Marta no solo residía en las palabras que escuchó durante años, sino también en aquellas que nunca llegaron. La ausencia de reconocimiento, de afecto verbalizado, de validación genuina. Porque, el silencio, cuando debería haber sido presencia, también deja cicatrices. Y esas ausencias pesan tanto como las frases que marcan.

Desde la perspectiva clínica, comprendemos que estas experiencias de vida configuran estructuras internas rígidas, donde la autocrítica severa se convierte en el filtro a través del cual la persona interpreta la realidad y a sí misma. Marta no solo padecía una baja autoestima; vivía atrapada en una narrativa interna que minaba cualquier intento de construir una identidad sólida y compasiva.

Sin embargo, más allá de los diagnósticos y de las categorías que utilizamos para ordenar el malestar, se imponía el desafío humano: cómo acompañar a alguien que jamás ha tenido la oportunidad de escucharse sin miedo. Cómo sostener ese espacio sin precipitarse a "reparar", sabiendo que las heridas provocadas por el lenguaje no cicatrizan con frases hechas ni con optimismos impostados.

El proceso terapéutico con Marta fue, ante todo, un ejercicio de escucha atenta y sin juicios. Ella necesitaba experimentar, quizá por primera vez, lo que era hablar y ser escuchada sin el eco de la corrección constante, sin sentirse en falta por cada emoción expresada. Fue así como, en esa escucha, poco a poco, comenzó a vislumbrar que existía otra manera de dirigirse a sí misma, una forma más amable, menos castigadora.

Marta me enseñó que, aunque no siempre podamos deshacer el daño que provoca el lenguaje recibido, sí es posible acompañar en la transformación de la relación que la persona establece con esas palabras heredadas. En efecto, no se trata de silenciar el pasado, sino de resignificarlo, de devolver a la persona el derecho a elegir qué voces dejar resonar en su interior.

Con el tiempo, Marta empezó a identificar cuándo hablaba con palabras que no le pertenecían. Aprendió a detenerse antes de lanzarse reproches automáticos por cualquier mínima imperfección. No porque hubiera desterrado todas sus inseguridades —sabemos que ese no es el objetivo realista—, sino porque empezó a reconocer que merecía tratarse con una dosis de compasión que nunca le fue enseñada.

En una de nuestras últimas sesiones, expresó con claridad el sentido de su proceso:

—No quiero llenar mi cabeza de frases bonitas por obligación... Quiero aprender a decirme la verdad sin hacerme daño.

Aquella reflexión fue, sin duda, el verdadero logro terapéutico. No buscaba construir un discurso artificialmente positivo, sino recuperar la autenticidad de su propia voz, una que no fuese eco de años de desprecio velado.

Cuando pienso en pacientes como Marta, recuerdo que el sufrimiento más profundo no siempre se presenta con estridencias. Hay dolores que se camuflan en la rutina, en la forma en que alguien piensa sobre sí mismo, en el gesto casi imperceptible de bajar la mirada ante un halago.

Por lo tanto, nuestro papel, en estos casos, no es el de "curar" en el sentido clásico, sino el de acompañar con respeto ese proceso de reaprendizaje. Estar presentes sin invadir, sostener sin imponer, y ser testigos silenciosos del momento en que una persona comienza a escucharse con la ternura que siempre le fue negada. Porque, en última instancia, la verdadera sanación ocurre cuando alguien consigue transformar ese eco hostil en un susurro propio, uno que no juzga, sino que cuida.

Marta dejó la consulta sabiendo que las palabras no desaparecerían, pero con la certeza de que ahora era ella quien tenía el poder de decidir cuáles permitir que siguieran habitando su interior. Quizá, en definitiva, de eso se trate realmente nuestro trabajo: de ofrecer un espacio seguro donde las personas puedan reconciliarse con su voz, después de haber vivido demasiado tiempo atrapadas en las voces ajenas.

POEMA

3

LOS LÍMITES DE LA PIEL

La piel, ese mapa tenso,
costura mal hilada de un silencio roto.
Es ahí donde el filo murmura
y los bordes de la noche
susurran preguntas sin boca.

Los días se deslizan lentos,
como cuchillas que acarician sin permiso,
y cada hora deja su sombra
grabada en este cuerpo de cristal.

Dibujo cicatrices como palabras
en un idioma que nadie traduce.
Cada línea es un grito en sordina,
un eco de lo que el alma no soporta decir.

Aquí está el abismo,
el grito mudo entre los poros,
la verdad que escapa
en líneas rojas,
frágiles y voraces.

¿Qué es el dolor, sino una frontera?
Un margen que la carne traza
para contener lo inabarcable.
La carne conoce los límites del alma,
pero a veces los dedos tiemblan,
y el límite se vuelve pregunta:
¿dónde termino yo
y dónde empieza el vacío?

El filo no responde;
es un juez ciego,
un espejo quebrado
que solo refleja trozos de memoria.

Cada herida es un puente
que no cruza nadie.
Cada marca, una confesión a medias.
La piel, testigo y carcelera,
habla con ecos de luz
y sombras que pesan.

Los bordes duelen, sí,
pero también contienen,
como un muro que salva y castiga a la vez.
Pero más allá del dolor,
la piel es un jardín que insiste.

Las flores nacen en los surcos de las cicatrices,
cada pétalo un recuerdo de que hubo vida,
de que hay vida.
La sangre no es un final;
es el río que empuja al océano,
un testigo que nunca se rinde.

Resiste, respira, recuerda:
el mundo cabe en el espacio de un abrazo,
en el roce leve de unas manos abiertas.
Más allá del filo,
hay una canción que espera,
una voz que sabe nombrar la calma
sin destrozar su nombre.

Piensa en las estrellas:
también ellas están heridas por la oscuridad,
y sin embargo brillan,
y guían,
y existen.

La piel no es solo un límite,
es también un refugio.
Es donde las lágrimas se secan,
donde las caricias sanan,
donde el alma se encuentra con lo tangible.
Es un recordatorio de que somos humanos,
de que dentro de nosotros hay un latido
que nunca ha dejado de buscar la luz.

En este límite frágil,
la vida aguarda.
Es un susurro tenue,
una hoja que se niega a caer.
Aun cuando todo parezca ceniza,
aun cuando la carne insista en el olvido,
hay una verdad que aún no se escribe,
una piel que aún no se ha rendido.

Porque somos más que cicatrices,
más que la suma de nuestros duelos.
Somos manos que construyen,
ojos que sueñan,
corazones que laten
con la fuerza de un amanecer
que siempre regresa.

EXPOSICIÓN POEMA 3

Cuando Ana cruzó por primera vez el umbral de la consulta, no fueron sus cicatrices las que captaron mi atención. Fue, más bien, la manera en que sostenía su propio cuerpo, como quien arrastra una historia demasiado pesada para dejarla fuera, en la sala de espera. En este sentido, no necesitaba mostrar nada explícito; su sola presencia dibujaba esas fronteras invisibles donde el dolor, silencioso pero persistente, había aprendido a asentarse.

En efecto, había en su forma de ocupar el espacio una actitud que solo quienes hemos acompañado a personas que han convertido su cuerpo en escenario de batalla podemos reconocer. No era temor, tampoco vergüenza. Era, más bien, ese respeto doliente hacia un cuerpo que ha sido, demasiadas veces, refugio y prisión a la vez. Asimismo, cada gesto contenido, las manos entrelazadas con firmeza, la evitación casi imperceptible de ciertos movimientos, hablaban del esfuerzo diario por mantenerse íntegra, por evitar que el dolor la desbordara.

Así pues, comprendí de inmediato que no estábamos ante una mera conducta autolesiva, al menos no bajo la mirada simplista con la que algunos manuales aún intentan definirla. Por consiguiente, lo que habitaba en Ana era, sin duda, algo mucho más complejo, íntimo y profundamente humano. De hecho, su piel no era únicamente el soporte de unas marcas; era un lenguaje en sí mismo. Un código personal que había aprendido a utilizar cuando las palabras se volvieron inaccesibles, cuando nombrar el dolor dejó de ser una opción.

De este modo, había logrado traducir emociones inabarcables en finas líneas sobre su piel. No se trataba de un acto impulsivo, sino de un ritual silencioso que buscaba contener el caos interno. Cada marca era un intento por delimitarse, por recordar que, a pesar de la tormenta emocional, su cuerpo seguía siendo un límite tangible.

Por ello, no pregunté por las heridas. No aún. No era necesario. Ana sabía que las había visto, pero también intuía que mi interés no residía en las marcas visibles, sino en aquello que las había originado: ese abismo callado donde el alma, sin encontrar otro refugio, había convertido la piel en el único lugar donde gritar sin ser silenciada.

Con el tiempo, Ana me enseñó una lección: el filo no siempre es un enemigo. A veces, es el único recurso al que aferrarse cuando el dolor emocional resulta insoportable. Esta comprensión resulta esencial en el ámbito clínico, ya que, antes de plantear cualquier alternativa, es imprescindible reconocer —y en cierto modo habitar— la función que ese recurso ha cumplido para la supervivencia psíquica de la persona.

A medida que avanzaban las sesiones, Ana fue desvelando, sin prisa y con la cautela de quien teme ser malinterpretada, que cada cicatriz era mucho más que una simple línea sobre la piel. En otras palabras, eran relatos interrumpidos, confesiones silenciosas, intentos desesperados de contener lo inabarcable. No buscaba dañarse por placer ni respondía a un deseo de llamar la atención, como tantos prejuicios insisten en señalar. Su única intención era sobrevivir, y durante mucho tiempo, el filo había sido el único borde firme en un mundo que se deshacía entre sus manos.

En consecuencia, su piel se había convertido en mucho más que un límite físico; era el escenario donde libraba, día tras día, la batalla por mantenerse a salvo de sí misma. Por otro lado, en ese proceso, inevitablemente, había aprendido a desconfiar de los otros, del entorno y, sobre todo, de su capacidad para sostener el dolor sin recurrir al viejo conocido: el corte.

Desde una perspectiva clínica, sería fácil hablar de autolesión como una estrategia disfuncional de regulación emocional. Sin embargo, reducir la experiencia de Ana a una etiqueta diagnóstica supondría traicionar la complejidad y profundidad de su vivencia. Porque, en cada pausa cargada de significado, quedaba claro que su relación con la piel era también una forma de anclarse a la existencia cuando todo lo demás parecía diluirse.

No en vano, había días en los que llegaba a la consulta y, con una sinceridad desarmante, decía:

—Hoy ha sido un día sin heridas.

Así, sin necesidad de más explicaciones, comprendía que cuando el mundo perdía forma y las emociones se convertían en una masa informe de angustia, la necesidad de sentir un límite, un dolor controlado, se volvía una cuestión de pura supervivencia.

Ana no buscaba promesas vacías ni soluciones apresuradas. Necesitaba, sobre todo, un espacio donde su dolor pudiera ser escuchado sin ser juzgado ni corregido, aunque sí reconducido, resignificado, habitado. Un lugar donde, además, empezar a confiar en que existían otras formas de habitar su cuerpo sin que este se convirtiera en territorio de castigo, de más dolor.

Así, entendí que para Ana el filo no era simplemente un adversario. Era juez, espejo y, en muchos momentos, su única certeza. No obstante, también empezaba a intuir que cada nueva línea la alejaba un poco más de aquello que verdaderamente anhelaba: poder habitar su cuerpo sin necesidad de escribir en él su sufrimiento.

Nuestro trabajo no se centró en erradicar, extinguir en términos académicos, la conducta de manera inmediata, sino en escuchar lo que esa conducta venía a decir, su función, el para qué la misma. Se trataba, por tanto, de crear un espacio donde pudiera traducir ese lenguaje de la piel en palabras, en gestos, en silencios compartidos que no necesitaran del daño para ser legítimos. No era cuestión de prohibiciones, sino de ofrecer alternativas cuando el abismo se presentara de nuevo.

Poco a poco, fuimos descubriendo que el verdadero desafío no consistía únicamente en dejar de hacerse daño, sino en aprender a confiar en otras formas de contención: en una mirada que acompaña, en una respiración consciente, en búsquedas de ayuda, en el valor de un abrazo que sostiene sin exigir.

Recuerdo con especial nitidez el día en que me dijo:

—No sabes lo difícil que es confiar en que un abrazo pueda contener lo mismo que el hacerme daño.

Aquella frase, tan sencilla como profunda, resumía el núcleo de su lucha: la dificultad de renunciar a lo inmediato y predecible del daño para aventurarse en la incertidumbre de los vínculos humanos.

Y, sin embargo, el cuerpo, incluso marcado, tiene una capacidad insólita para resistir y florecer. Lo vi en Ana cuando empezó a hablar de sus cicatrices no solo como heridas, sino como testigos silenciosos de su supervivencia. Cada línea era la prueba de una batalla, de noches oscuras en las que, a pesar de todo, decidió seguir adelante.

El dolor, por supuesto, seguía presente. Sin embargo, algo había cambiado: comenzaba a reconocer que su piel no era únicamente cárcel, también podía ser refugio. Empezó a descubrir que el contacto humano —una mano que acompaña, una palabra justa— podía ofrecerle ese límite seguro que tanto necesitaba.

Naturalmente, el camino no fue lineal. Hubo retrocesos, días en los que los bordes se difuminaban y el filo reaparecía. No obstante, ya no era la única salida. Ana había comenzado a construir puentes donde antes solo había muros.

Cuando llegó el momento de cerrar el proceso terapéutico sus cicatrices seguían ahí, pero ya no las contemplaba con vergüenza ni con orgullo. Las miraba con la serenidad de quien comprende que forman parte de su historia, pero no dictan su futuro.

Antes de despedirse, me dejó una reflexión:

—He aprendido que mis cicatrices no son solo marcas de dolor... también son la prueba de que sigo aquí.

De este modo, en una sola frase, condensó el sentido profundo de todo el camino recorrido: el dolor, la resistencia y la inmensa humanidad de quien ha habitado los límites de su piel, pero ha decidido buscar vida más allá del filo.

Porque, al fin y al cabo, somos más que nuestras heridas. Somos la capacidad de sostener la calma sin romperla, de encontrar en un abrazo el contorno que antes buscábamos en el dolor. Somos la evidencia de que incluso las estrellas, a pesar de sus cicatrices de oscuridad, siguen brillando.

POEMA

4

EL AMOR QUE NOS SALVA

En este mundo, herido de ceniza,
donde los días se desangran
en relojes mudos,
el amor es el faro que desafía
la niebla que todo lo devora.

El amor de la amistad
es el hilo que cose la piel rota,
un canto en medio del derrumbe.
Es la voz que nos nombra
cuando hemos olvidado quiénes somos.
Es un puente suspendido
sobre el abismo,
una hoguera que desafía
el frío interminable.

El amor de la pareja
es un pacto entre ruinas,
un jardín que insiste en florecer
bajo un cielo quebrado.
Es el refugio donde la carne y el alma
encuentran tregua,
un poema escrito en cicatrices
que solo dos cuerpos comprenden.
Es la certeza de que, aunque la muerte
asome por las grietas,
la vida aún puede arder en un beso.

El amor de la familia
es una raíz hundida en lo más oscuro,
un árbol que nos sostiene
cuando el viento nos parte.
Es el eco de los nombres
que construyeron nuestra historia,
un refugio en los pliegues del tiempo
donde la ausencia se vuelve presencia
y el silencio, un abrazo antiguo.

Y el amor del mundo,
ese amor...
es el susurro de la tierra herida,
la caricia de un río que llora.
Es la luna que cubre con su manto
las heridas del día,
es el canto de las aves
que nace, aun en la tormenta.

El amor del mundo
es la promesa de que somos polvo,
sí, pero polvo que recuerda
haber sido estrella.

Pero el amor es la grieta por donde entra la luz,
el hilo dorado que une los fragmentos.
Es el susurro que nos salva del silencio.

EXPOSICIÓN POEMA 4

Daniel no llegó a consulta en busca de respuestas. Su presencia fue el eco de una súplica al otro lado del teléfono: "Por favor, hazlo por mí." Si bien no era la primera vez que escuchaba esas palabras, aquella tarde, algo en su interior, fatigado de resistir, decidió ceder. No por sí mismo, sino por esa voz que, incluso en medio de su propia bruma, seguía recordándole que aún estaba aquí.

Al franquear la puerta, Daniel traía consigo el cuerpo de quien ha aprendido a desplazarse entre escombros. Más que la postura vencida o la mirada ausente, lo que realmente conmovía era esa percepción sutil de que permanecía en pie gracias a una cuerda invisible, tendida desde fuera de aquella sala, que le impedía precipitarse por completo en el abismo.

En este sentido, su relato, en esencia, no distaba mucho del de tantas personas que han convivido largo tiempo con el dolor: años de silencios enquistados, de preguntas que nunca hallaron respuesta, de noches donde la ausencia de sentido era más tangible que cualquier amanecer. Sin embargo, había en Daniel un matiz diferente: la consciencia de no haber estado solo. Sabía, con una certeza silenciosa, que si aún respiraba era porque el amor —en sus múltiples formas— había sabido erigir pequeños refugios en medio de su tempestad.

Al inicio, sus palabras eran escasas. No por falta de voluntad, sino porque había comprendido que verbalizar el sufrimiento no lo aligera necesariamente. No obstante, cuando comenzó a deshacer el nudo de su historia, emergió con claridad que, en los momentos más sombríos, no fueron las técnicas terapéuticas, ni las lecturas, ni las promesas de un mañana mejor las que impidieron su rendición. Por el contrario, fueron los nombres, los gestos, las presencias silenciosas.

Recuerdo cómo, en una ocasión, pronunció con una mezcla de gratitud y culpa —tan frecuente en quienes han sido sostenidos por otros cuando sus propias fuerzas se desvanecían—: "No estaría aquí si no fuera por ellos."

Así, me habló de Sergio, aquel amigo de la infancia que nunca temió sentarse a su lado en los días más oscuros. Cabe destacar que Sergio no ofrecía discursos ni intentaba rescatarlo de su dolor; simplemente, estaba. Su presencia era un recordatorio tácito de que había alguien dispuesto a acompañarlo en su derrumbe, como un faro discreto que no pretende guiar, sino tan solo permanecer encendido. Fue entonces cuando entendí que la amistad auténtica es esa que sutura la piel rota sin necesidad de palabras.

Posteriormente, apareció en su relato Clara. No llegó a su vida como salvadora, sino como compañera de intemperie. Clara supo desde el primer momento que amar a Daniel no significaba reparar sus grietas, sino acogerlas con respeto. A su lado, él descubrió que el amor podía ser también tregua: ese espacio donde el alma fatigada encuentra un respiro, sin la carga de tener que justificar cada sombra que arrastra.

Sin embargo, era al hablar de su madre cuando la emoción se volvía más profunda. Ahora bien, no idealizaba aquella relación;

era consciente de que ella, en muchas ocasiones, no supo cómo ayudarle. Pero había en esa presencia constante, enraizada y firme, la imagen de un árbol que resiste las embestidas del viento. Su madre era el eco de los días en que él había olvidado quién era, pero bastaba una llamada para recordarle que formaba parte de algo más amplio que su propio dolor.

A medida que Daniel desgranaba su vivencia, se hacía evidente que su verdadero sostén no se encontraba en los registros clínicos ni en las estrategias de intervención. Por el contrario, era ese amor cotidiano, imperfecto, pero firme, el que había susurrado en su interior cuando todo lo demás clamaba por desaparecer.

Comprendí, entonces, que mi papel como terapeuta no era erigirme en salvación alguna. Daniel había sido rescatado en múltiples ocasiones, no por gestos grandilocuentes, sino por esas expresiones mínimas de humanidad que, como pequeñas hogueras, ofrecen calor en medio del frío más crudo.

Él mismo, con la lucidez de quien ha mirado de frente al abismo y ha decidido regresar, expresó un día: "No fue el miedo a morir lo que me detuvo... fue saber que había manos esperándome al otro lado si decidía seguir."

En consecuencia, su proceso terapéutico no se trazó como una ruta hacia la felicidad, sino como un aprendizaje hacia la aceptación: asumir que el dolor seguiría acompañándolo, pero que ya no tendría que cargarlo en soledad. Asimismo, aprendió a reconocer que esos vínculos, lejos de ser cadenas, eran alas prestadas para cuando las suyas flaqueaban.

Al concluir nuestro trabajo, Daniel no era un hombre exento de sufrimiento, pero sí alguien que había encontrado la certeza de que el amor no disipa la oscuridad, aunque la ilumina lo suficiente para dar un paso más.

Antes de despedirse, me dejó unas palabras: "Ahora sé que el amor no me salvó porque curara mi dolor... me salvó porque decidió caminar conmigo mientras dolía."

En esa frase se condensaba la esencia de su camino y de su historia. Porque, como señala el poema que da sentido a esta historia, el amor es ese último acto de rebeldía frente al vacío. No ofrece promesas de eternidad, pero sí instantes en los que, pese a las fracturas, la vida sigue siendo digna de ser habitada.

Así pues, Daniel continúa su camino, no porque el dolor haya desaparecido, sino porque ha comprendido que siempre habrá una voz, una mirada, un gesto que le recuerde que, incluso en el borde del mundo, no está solo.

Y quizá, en definitiva, eso sea lo que nos permite resistir: la certeza de que, cuando todo parece desmoronarse, siempre habrá alguien —un amigo, una pareja, un familiar, o incluso la simple belleza del mundo— que susurre a nuestro lado: "Aún queda algo por lo que amar... y seguir."

POEMA

5

LA INOCENCIA PERDIDA

Una voz surca las noches,
un grito nacido de lunas rotas.
En los ojos de un niño olvidado,
arden los rezos de los árboles caídos.

La inocencia, un cristal que estalla,
esparciendo sus astillas en un río de sombras.
¿Cómo cantar la pureza
si el viento lleva el polvo de los olvidos?

Manos pequeñas que tocan el vacío,
buscando el calor de un mundo ciego.
Cada lágrima es un espejo
donde la ausencia se dibuja desruda.
El tiempo, verdugo sin rostro,
desgasta los rostros dormidos en la arena.

¿Qué queda de la luz
cuando el abismo devora el alba?
Las palabras, como aves heridas,
caen en la jaula del silencio.
El grito no encuentra oídos,
y en la penumbra crecen raíces de miedo.

Resiste, susurra la memoria,
como un canto frágil,
como un susurro que nadie escucha.
Resiste, mientras la sombra
devuelve la inocencia al polvo.
Allí, en el hueco de un mundo dormido,
la soledad erige su templo.
Un muñeco sin brazos,
una cometa sin viento,
son los altares de esta plegaria olvidada.
Las manos tiemblan bajo cielos sin nombre,
se alzan buscando estrellas que no responden.

¿Qué dios cuida de los inocentes,
cuando hasta las cruces están vacías?
En el rincón donde la luz se marchita,
la esperanza escribe con tiza
un mensaje que nadie leerá.

Y el niño, ahora sombra,
grita sin voz,
camina sin pasos,
cargando una herida que el tiempo no cerrará.

Pero entonces, en la brisa más leve,
un susurro se vuelve canto.
Una voz pequeña, apenas un hilo,
nace del silencio y crece en las sombras.

La primera estrella se atreve a brillar,
y las manos, que antes temblaban,
tejen un puente entre lo roto y lo posible.

Los muñecos tienen brazos,
las cometas encuentran su viento,
y en los ojos del niño olvidado
se enciende un faro que guía su risa.

La herida sigue abierta,
pero ahora florecen girasoles en su borde.
El eco del grito no desaparece,
pero se transforma en coro,
en himno que rompe el abismo.

Resiste, repite la memoria,
porque al final del polvo
siempre hay algo que germina.
Y el niño, aunque sombra,
vuelve a caminar entre luces.

EXPOSICIÓN POEMA 5

Iván tenía 15 años cuando cruzó por primera vez la puerta de la consulta, aunque, en realidad, su infancia había quedado atrás mucho antes de alcanzar esa edad. No fue el curso natural del tiempo quien le arrebató esa etapa, sino unas circunstancias que, en los momentos en los que más necesitaba un refugio seguro donde crecer, le negaron la posibilidad de ser niño. De hecho, bastaba observar cómo entraba en la sala, cómo evitaba instintivamente cualquier contacto visual, para intuir que había aprendido a convivir con la sensación de ser invisible.

Desde una mirada clínica, el abandono emocional prolongado se hacía evidente. Si bien no existía un historial de agresiones físicas ni constaban episodios de abuso que permitieran encajar su experiencia en las categorías habituales de los informes, el dolor que cargaba era tan punzante y lacerante como el que deja cualquier herida visible. Porque el olvido también hiere, solo que sus marcas no sangran y, por ello, a menudo, el mundo prefiere no verlas.

En este contexto, los primeros encuentros con Iván fueron, más que sesiones al uso, un ejercicio continuo de paciencia y de respeto profundo por sus tiempos. Su desconfianza no respondía a una postura desafiante propia de la adolescencia, sino a un mecanismo de supervivencia cuidadosamente aprendido. Había interiorizado demasiado pronto que esperar algo de los demás era exponerse, una y otra vez, a la decepción. Así, su silencio no era ausencia, sino una fortaleza construida con los ecos de gritos que nunca encontraron oído.

La práctica clínica nos enseña a reconocer estos muros defensivos, pero, sobre todo, nos recuerda que tras cada uno de ellos late una historia que no fue contada, ni sostenida, ni habitada... hasta que la persona sienta que puede hacerlo. Por consiguiente, con Iván, cualquier intento de acelerar el proceso habría sido un acto de violencia simbólica. La urgencia no era avanzar, sino sostener.

Con el paso del tiempo, y sin imponer ninguna prisa, comenzaron a aflorar pequeñas piezas de su vivencia. Ahora bien, no emergieron en forma de grandes revelaciones, sino a través de detalles casi imperceptibles: la mención casual de tardes en soledad, un cumpleaños que pasó inadvertido, o frases normalizadas como "siempre me he apañado solo". Cada una de esas pinceladas hablaba de una infancia desprovista de la presencia protectora del otro, ese otro que debería haber estado para cuidar, orientar y abrazar.

Desde la perspectiva terapéutica, sabemos que este tipo de desamparo emocional deja una huella profunda en la construcción de la identidad. En efecto, Iván no solo creció sin afecto; además, aprendió a mirar con recelo cualquier gesto de cercanía. Su defensa era clara: no necesitar a nadie, o al menos, aparentarlo.

No obstante, incluso en los casos más endurecidos, la necesidad de vínculo persiste, aunque disfrazada. Fue entonces cuando comenzó el verdadero trabajo: ofrecerle un espacio donde pudiera comprobar, quizá por primera vez, que había alguien dispuesto a permanecer, a escuchar sin exigir, sin desaparecer, sin pedirle que fuera distinto.

Hubo una sesión especialmente significativa. Tras un prolongado silencio, Iván pronunció unas palabras que condensaban años de resignación:

—No entiendo por qué ahora debería importar lo que siento, si nunca le importó a nadie.

Aquel comentario, cargado de dolor, era también un indicio de apertura. Empezar a nombrar el propio sentir, aunque sea con rabia, es el primer signo de que las defensas empiezan a resquebrajarse.

Ante ello, no intenté rebatirlo ni ofrecerle respuestas vacías. Sabía que cualquier razonamiento lógico habría caído en saco roto. Por lo tanto, mi lugar era estar, sostener su relato sin prisas, validando su experiencia sin intentar corregirla. Sesión tras sesión, Iván fue descubriendo que no necesitaba justificarse para ser escuchado.

Poco a poco, comenzó a reconocer que su dolor era legítimo, que no era, como tantas veces le hicieron creer, una exageración. Asimismo, entendió que aquellas conductas que otros etiquetaban como problemáticas —sus silencios, sus huidas, sus desafíos— habían sido, en realidad, estrategias de supervivencia en un entorno que nunca supo escuchar.

El proceso nos llevó, además, a trabajar con un duelo silencioso: el duelo por una infancia que nunca pudo ser vivida con la inocencia que le correspondía. Acompañar ese duelo implicaba mucho más que aplicar técnicas; requería presencia, respeto y la capacidad de sostener el sufrimiento sin minimizarlo.

Con el tiempo, Iván empezó a vislumbrar que, aunque las heridas seguían abiertas, existían formas de caminar con ellas sin quedar atrapado en el dolor. No se trataba de negar el pasado, sino de mirarlo con dignidad, comprendiendo que su valor personal no dependía de quienes le dieron la espalda.

Quizá uno de los logros más significativos no fue que Iván dejara de sentir dolor, sino que comenzara a permitirse sentir, sin asociar esa vulnerabilidad con el riesgo o la debilidad. De este modo, aprendió a confiar, aunque fuera en pequeños gestos, en vínculos que no exigían nada a cambio.

Finalmente, cuando llegó el momento de cerrar el proceso, Iván seguía siendo una persona reservada, pero ya no era la sombra que había entrado aquel primer día. En su forma de hablar de sí mismo había una luz discreta pero firme, como esa estrella que asoma tras la tormenta, tímida pero decidida a quedarse.

Antes de despedirse, me dijo:

—No sé si algún día dejaré de sentir que estoy solo... pero ahora sé que hay lugares donde puedo decirlo.

Desde el ámbito clínico, sabemos que frases como esta encierran mucho más que un simple comentario. En realidad, son el reflejo de un cambio: la conquista de un espacio donde su voz, al fin, es escuchada. La terapia no pudo devolverle la infancia que nunca tuvo, pero sí le ofreció algo igual de valioso: un lugar donde su dolor dejó de ser silenciado. Y en esa validación, en ese reconocimiento sincero, comenzó a florecer algo que ni el abandono había logrado destruir: la capacidad de reconstruirse desde su propia palabra.

Así, Iván dejó atrás el papel del niño que aprendió a gritar en silencio, para convertirse en el joven que comprendió que, aunque las cicatrices permanezcan, siempre existe un puente hacia lo posible cuando alguien, sencillamente, decide escuchar.

POEMA

6

DESDE LAS SOMBRAS DE LOS RECUERDOS DE INFANCIA

Allí quedó
el patio sin dueño,
la cuerda quieta
que ya no sostiene
ningún salto.

Allí duerme
la casa vacía
con sus ventanas rotas
como ojos cansados de esperar.

Desde las sombras de los recuerdos
camina un niño
hecho de polvo y viento,
un niño sin nombre
que arrastra un carrito de madera
entre los escombros del tiempo.

Su risa
no atraviesa las paredes,
sus pasos
no dejan huella sobre el suelo frío.

Hubo una vez un árbol
que guardaba secretos
bajo sus ramas heridas,
y muñecos de trapo
cuyo único latido
fue el abandono.

Desde las sombras de los recuerdos
los días caen como hojas secas
en un patio que ya no existe,
las voces se apagan
como velas olvidadas
en la iglesia del olvido.

Un columpio cuelga
de la nada,
balanceando despacio
la memoria de nadie.
Y el viento
—ese viejo animal sin rostro—
susurra nombres
que nadie responde.

Desde las sombras de los recuerdos
la infancia se sienta
en un rincón de sombra,
con las rodillas sucias,
esperando
que alguien vuelva
por ella.

EXPOSICIÓN POEMA 6

Marcos contaba con 32 años cuando tomó la decisión, quizá la más importante hasta entonces: iniciar un proceso terapéutico. No traía consigo una razón aparente, o al menos, eso era lo que él manifestaba. "Estoy cansado, nada más", dijo al comienzo, con esa sencillez que, sin embargo, escondía un agotamiento que no podía explicarse solo por el peso de las obligaciones diarias o el ritmo acelerado de la vida adulta. En este sentido, era otro tipo de cansancio, más hondo, el de quien lleva demasiado tiempo cargando con una mochila invisible, repleta de heridas no nombradas, avanzando día tras día sobre los restos de una historia personal jamás atendida.

A lo largo de las primeras sesiones, su discurso se centraba en lo inmediato: un empleo que apenas le provocaba interés, vínculos afectivos superficiales y esa constante sensación de vacío que le acompañaba sin saber muy bien cómo describirla. En apariencia, no había un conflicto evidente ni una urgencia concreta que justificara su malestar. Sin embargo, para quienes escuchamos desde la clínica, bastaba con prestar atención a las pausas, a los silencios y a las palabras no dichas para comprender que Marcos no estaba desorientado en su presente, sino, por el contrario, retenido en un pasado que jamás se había permitido mirar de frente.

Fue precisamente en una de esas conversaciones, que parecían inofensivas a simple vista, cuando le pregunté por su infancia. A partir de ese momento, el ambiente en la sala cambió; el silencio adquirió un peso distinto. Con la mirada clavada en el suelo y un leve encogimiento de hombros, respondió:

—No hay mucho que contar. Estuve solo, supongo.

Ese "supongo" se escuchaba como un eco largo, reflejo de una soledad asumida como norma, de una niñez en la que el juego, la protección o el afecto eran territorios desconocidos. En efecto, Marcos creció en un hogar habitado más por ausencias que por presencias, donde los adultos estaban demasiado atrapados en sus propias batallas internas como para reparar en el niño que aprendía a desaparecer en los rincones.

Mientras le escuchaba, inevitablemente acudieron a mi mente imágenes de sus recuerdos: el patio desierto, el columpio suspendido en el vacío, los muñecos de trapo olvidados por alguien que nunca regresó. Así, Marcos era, en esencia, ese niño hecho de polvo y viento, que comprendió demasiado pronto que esperar era inútil porque nadie volvería a buscarlo.

Desde la perspectiva clínica, es frecuente observar cómo estos vacíos afectivos se traducen en adultos desconectados de su propio mundo emocional, incapaces de identificar lo que sienten o de establecer vínculos verdaderamente significativos. Además, Marcos no había aprendido a cuidar su interior porque jamás hubo quien le mostrara que merecía ser cuidado. La soledad que marcó sus primeros años se había infiltrado, silenciosa pero persistente, en cada rincón de su vida adulta, configurando un patrón de aislamiento difícil de romper.

Por consiguiente, el camino terapéutico no consistió en reconstruir lo que nunca existió, sino en propiciar un reencuentro necesario. Marcos no necesitaba inventarse recuerdos felices, sino reconocer la existencia de ese niño que aún permanecía, paciente y callado, en algún rincón de su memoria, esperando ser visto. Un niño con las rodillas sucias, que aprendió a no incomodar, a no pedir, a silenciar su llanto porque sabía que nadie acudiría al otro lado de la puerta.

Aún conservo vívido el momento en que, tras varias sesiones, se atrevió a poner en palabras una verdad que llevaba demasiado tiempo guardando:

—Creo que nunca me sentí un niño. Siempre estuve... solo.

No hubo lágrimas, solo una exhalación amarga, como quien se libera de un peso antiguo. Ese instante, desde nuestra práctica clínica, sabemos que es importante: cuando la persona deja de restar importancia a su propia historia y comienza a otorgarle el valor que merece. No se trata de buscar culpables, sino de reconocer el dolor legítimo de no haber sido acompañado cuando más se necesitaba.

Cada pequeño avance en su proceso fue, asimismo, un acto de dignidad. Marcos empezó a identificar cómo ese vacío de la infancia seguía manifestándose en su presente: en su resistencia a pedir ayuda, en la desconfianza hacia la permanencia de los otros, en su tendencia a refugiarse en la soledad como si fuera su único espacio seguro. De este modo, comprendió que su aparente indiferencia no era un rasgo de carácter, sino una coraza forjada en la infancia para sobrevivir a la indiferencia ajena.

Sin embargo, lo más relevante llegó cuando comenzó a preguntarse qué habría necesitado aquel niño. No con la intención de alimentar fantasías, sino para aprender a ofrecerse, desde el adulto en el que se había convertido, ese cuidado y esa ternura que nunca recibió. Así pues, aprendió a dirigirse palabras más amables, a flexibilizar la autoexigencia, a aceptar que dentro de él habitaba una parte vulnerable que no debía ser ignorada ni delegada en otros, sino acogida por sí mismo.

A mi memoria llega aquella sesión en la que, tras un largo silencio, esbozó una sonrisa serena y dijo:

—A veces me imagino entrando en aquella casa vacía y encontrándome con él... Y ya no siento pena, siento que por fin alguien ha vuelto por él.

Ese fue, sin duda, el verdadero cierre de su proceso: la comprensión de que, aunque el pasado no puede reescribirse, sí es posible rescatar a ese niño del olvido en el que quedó atrapado.

Cuando concluimos la terapia, supe que Marcos no era un hombre "curado", porque en nuestro campo sabemos bien que sanar no implica borrar las cicatrices, sino aprender a convivir con ellas desde un lugar más compasivo. En otras palabras, había aprendido, al fin, a caminar junto a sus recuerdos de niñez, en lugar de dejarlos relegados a la sombra de sus memorias.

En definitiva, como bien sugiere el poema, la infancia no se desvanece. Permanece, latente, en esos patios vacíos, en los columpios que continúan meciéndose en la memoria. Solo cuando tenemos el coraje de mirar atrás y sentarnos al lado de nuestros niños que aún esperan, podemos empezar a integrar esas partes olvidadas y permitirnos, de nuevo, que la vida vuelva a invitarnos a jugar.

POEMA

7

TODO CAMBIA, NADA PERMANECE

Los días mueren en la boca del viento,
un espejo se quiebra en el rostro del río
y ya no queda nombre,
ni sombra,
ni eco.

Los cuerpos se disuelven en la memoria de la lluvia,
como un reloj que olvida su arena,
como la huella que nunca pisó dos veces
el mismo abismo.

Las voces se gastan en labios de niebla,
las manos se sueltan sin decir adiós,
y el amor es un pájaro ciego
golpeando la noche con alas de polvo.

Todo cambia,
como la carne en los dientes del tiempo,
como el grito que se vuelve silencio
en la garganta del olvido.

El sol es un fénix que nunca recuerda
las cenizas que un día llamaron su casa.
Los muros respiran,
los rostros se borran,
las cartas se pudren sin ser pronunciadas.

Nada permanece,
ni siquiera el polvo de los huesos,
ni siquiera el filo del adiós
sobre la piel gastada de la noche.
Ni el miedo en los ojos del ciervo dormido,
ni el eco en la piedra donde alguien lloró.

Todo se dobla,
todo se quiebra,
todo se hunde en la lengua del tiempo.
Y sin embargo,
aún queda la ausencia
meciéndose lenta,
como un último barco
que nunca regresa.

EXPOSICIÓN POEMA 7

Existen momentos en la vida en los que no es el dolor el que inmoviliza, ni siquiera la pérdida inmediata que sacude con fuerza. Por el contrario, hay un sufrimiento más discreto, pero de una profundidad devastadora: la toma de conciencia, casi silenciosa, de que nada permanece. En este sentido, esa certeza ineludible de que aquello que consideramos sólido —los vínculos afectivos, las convicciones, los espacios que habitamos e, incluso, nuestra propia identidad— está irremediablemente destinado a transformarse o a desvanecerse con el tiempo, se presenta como si toda la existencia fuera un frágil castillo de arena expuesto a una marea constante e invisible.

Asimismo, en el ámbito clínico, este tipo de malestar rara vez se manifiesta de forma evidente. De hecho, no siempre llega acompañado de lágrimas o de crisis que permitan identificarlo con facilidad. Por el contrario, en numerosas ocasiones, adopta la forma de un vacío sereno, de una pregunta que pesa más que cualquier diagnóstico: ¿qué sentido tiene sostenerse cuando todo está sujeto al cambio, cuando todo, inevitablemente, se va?

Ahora bien, aunque la psicología ha dedicado abundante literatura al duelo, a las pérdidas y a los procesos de adaptación, existen dificultades que desbordan estas categorías. En efecto, no hablamos de la muerte concreta de un ser querido ni del cierre de una etapa vital específica. Se trata, más bien, de un duelo profundo por la naturaleza transitoria de todo cuanto existe. Por consiguiente, es un sufrimiento de raíz existencial que, lejos de buscar soluciones, reconoce en su esencia que tales respuestas, sencillamente, no existen.

En este contexto vital conocí a Samuel.

Cabe señalar que Samuel no acudía a consulta para narrar un episodio reciente ni para abordar una pérdida concreta en términos convencionales. En realidad, no había un hecho puntual que, desde la mirada social habitual, justificara su estado anímico. Se sentó frente a mí con la serenidad de quien ha dejado de resistirse, de luchar que dirían otros, no porque hubiese alcanzado la paz, sino porque comprendió que oponerse al paso del tiempo es tan inútil como pretender retener el agua entre los dedos.

—Todo cambia. Todo se va. Y yo... no sé cómo se sigue viviendo, sabiendo eso —pronunció en una de sus primeras intervenciones, con una voz más cercana al agotamiento que a la desesperación.

A sus 45 años, Samuel había sido testigo del progresivo desmoronamiento de las estructuras que, en otro tiempo, habían dado sentido a su existencia: la muerte de un padre con quien las heridas nunca llegaron a cerrarse del todo, un matrimonio que se apagó sin estridencias, pero sin retorno, amistades que se fueron disolviendo en la rutina y el silencio, y proyectos profesionales que, poco a poco, perdieron su capacidad de ilusionar.

Por otro lado, su relato no emanaba de la tragedia, sino de esa melancolía sin fecha concreta, de la sensación de estar observando los restos de su propia biografía, como quien contempla una casa vacía donde ya solo resuenan los ecos del pasado.

Desde una perspectiva estrictamente clínica, cabría encuadrar su estado bajo etiquetas como duelo o depresión. Sin embargo, más allá de las clasificaciones diagnósticas, Samuel encarnaba una vivencia profundamente humana y universal, aunque rara vez enunciada: el vértigo de saberse transitorio, de comprender que incluso el dolor que le consumía también estaba destinado a desvanecerse.

Cada encuentro con él se convirtió, por lo tanto, en un ejercicio de presencia. No había espacio para consuelos prefabricados ni promesas vacías de mejora. Samuel no buscaba que le asegurase un futuro más amable, porque intuía —quizá mejor que nadie— que cualquier estado, incluso el alivio, sería pasajero.

No obstante, en medio de esa niebla existencial persistía una paradoja que nos permitía avanzar: su propia contradicción vital. A pesar de afirmar que nada tenía sentido en un mundo cambiante, Samuel seguía acudiendo a consulta. Seguía hablando. Seguía respirando.

Fue en una de esas sesiones, tras un largo silencio cargado de significado, cuando formuló una pregunta apenas susurrada:

—¿Cómo se vive sabiendo que todo se va?

Evidentemente, sabía que no esperaba una respuesta teórica, ni mucho menos una fórmula de manual. Por ello, opté por devolverle la pregunta desde otro ángulo:

—¿Por qué sigues viniendo aquí si sabes que esto también terminará?

Por primera vez en semanas, Samuel esbozó una leve sonrisa. Una sonrisa tenue, pero reveladora. En ese gesto, quedó suspendida la intuición de que, a pesar de la impermanencia, existen instantes que merecen ser habitados. Comprendió, quizá, que la cuestión no era buscar aquello que permaneciera inmutable, sino aprender a transitar lo efímero sin quedar paralizado por el miedo.

Cabe destacar que no fue un momento de revelación abrupta, ni un punto de inflexión milagroso, ni tampoco eso que algunos ámbitos llaman catarsis. Pero desde aquel día, el sentido de nuestras sesiones cambió sutilmente. Dejamos de contemplar el vacío como una amenaza, y comenzamos a explorar cómo, incluso en medio de la fugacidad, ciertos gestos, palabras o miradas poseen un valor intrínseco, precisamente porque son pasajeros.

Al concluir el proceso terapéutico, Samuel escribió un mail donde decía algo así como:

—Sigo sin entender por qué todo tiene que irse… pero he descubierto que, mientras está, puedo quedarme yo.

Finalmente, quizá, en el fondo, esa sea la única respuesta posible ante el vértigo de lo transitorio: dejar de buscar eternidad en las cosas y aprender a encontrar presencia en uno mismo. Porque, en efecto, como recuerda el poema que inspira esta historia, todo se dobla, todo se quiebra, todo se hunde en la lengua del tiempo. Sin embargo, mientras seguimos aquí, aún podemos elegir contemplar cómo la ausencia se desliza lenta… y, simplemente, seguir.

POEMA

8

PERMANEZCO

A veces, soy la voz que amarra
las grietas del otro,
un puente de palabras
donde alguien vuelve a pisar la luz.

Otras, soy solo la orilla
donde naufragan historias sin nombre,
la memoria húmeda de un llanto
que nadie se atrevió a escuchar.

Permanezco entre dos aguas:
del lado donde alguien busca
una tabla para no hundirse,
del lado donde yo mismo
me deslizo sin ancla.

Y hay días en que mi voz
es un soplo que apenas sostiene,
y hay otros en que mi sombra
queda impresa en los ojos
de quien me confía su herida.

Permanezco en el pulso inconstante
de la paciencia y el desaliento,
en la frontera invisible
entre lo que salvo
y lo que dejo ir.
Soy testigo del dolor ajeno,
pero el mío...
¿a quién se lo entrego?

Hay noches donde la sala queda vacía
y mi propio eco me responde,
donde los miedos que disipé
regresan con otros rostros
y me susurran mi propio nombre.

Aun así, permanezco.
No porque tenga certezas,
sino porque aún me sostienen
las voces que un día aprendieron
a nombrarse a sí mismas.

EXPOSICIÓN POEMA 8

Aquel día no traía casos urgentes ni diagnósticos complejos que revisar. Cuando cruzó la puerta de la sala de supervisión, entendí que lo que buscaba no cabía en ningún protocolo. No venía a hablar de técnicas, sino de aquello que suele quedar fuera de las fichas clínicas: el peso de ser quien sostiene.

Se sentó frente a mí con ese gesto que solo los terapeutas entendemos entre nosotros, ese en el que la mirada baja no es por vergüenza, sino por el agotamiento de quien lleva demasiado tiempo recogiendo los pedazos de otros sin saber muy bien dónde dejar los propios.

Antes de que hablara, ya sabía que no venía a hablarme de sus pacientes. Venía a hablar, por fin, de sí mismo. De ese rincón donde todos guardamos las historias que no se fueron cuando el paciente salió por la puerta. De esas voces que no pedimos quedarnos, pero que se adhieren a la piel, al pecho, a la noche.

—Últimamente siento que estoy... no sé... no sé desde dónde ni cómo —dijo, con un susurro que pesaba más que cualquier diagnóstico.

Y entonces se abrió el verdadero espacio terapéutico, no para sus pacientes, sino para él. Habló de esas jornadas donde su voz se convierte en el único hilo que evita que alguien caiga. De cómo, en muchas sesiones, es el puente que sostiene al otro cuando todo alrededor es abismo. Pero también habló —y ahí estaba la grieta más profunda— de las veces en las que, mientras extendía la mano para salvar, sentía que era él quien se deslizaba, sin un lugar firme donde apoyarse.

—Hay días en que soy un refugio... y otros en los que siento que soy solo una costa desgastada, donde las historias vienen a romperse —confesó, bajando la mirada, como quien por fin se permite el lujo de no ser fuerte.

Lo escuché en silencio, como tantas veces él habría hecho en su consulta. Sabía que no buscaba respuestas, porque ya conocía todas las que da la teoría. Lo que necesitaba era algo más raro, más valioso: un espacio donde poder sentir sin culpa, sin tener que sostener a nadie.

La práctica clínica nos entrena para ser continente, para no desbordarnos frente al dolor ajeno. Pero ¿quién enseña al terapeuta qué hacer cuando su alma empieza a agrietarse? ¿Dónde dejamos lo que recogemos cuando las luces se apagan y las historias, lejos de desaparecer, empiezan a resonar con nuestros propios miedos?

Me habló de esas noches en las que los fantasmas de otros regresaban, con otros rostros, sí, pero con su propio nombre susurrando en el eco. De cómo, después de sostener durante horas los temblores ajenos, llegaba a casa sintiendo que el vacío también se había instalado en él.

Y sin embargo, allí estaba. Permaneciendo.

No por inercia, ni por ese heroísmo absurdo que a veces se atribuye a quienes acompañamos el sufrimiento. Permanecía porque entendía —aunque en ese momento le doliera— que en la vulnerabilidad también habita el sentido de este oficio. Que quedarse, aun cuando uno mismo tiembla, es un acto de humanidad, no de perfección.

Le recordé, con la suavidad que exige este tipo de conversaciones, que ser terapeuta no es ser invulnerable. Que sostener no significa no romperse. Y que supervisiones como esta no son un signo de debilidad, sino de madurez clínica: la capacidad de reconocer cuándo el alma necesita el mismo cuidado que ofrecemos.

—No permanezco porque sea fuerte... permanezco porque, pese a todo, las voces que un día ayudé a nombrar también me sostienen a mí —dijo antes de irse, con esa mezcla de alivio y cansancio que solo conocemos quienes caminamos por la frontera entre el cuidado y el desgaste.

Cuando cerró la puerta, me quedé en silencio. Pensando en él, en mí, en todos los que cada día decidimos quedarnos al lado del dolor ajeno, aunque el nuestro también reclame espacio.

Porque permanecer no es resistir por orgullo, ni quedarse por obligación. Es entender que este oficio es, en esencia, habitar la fragilidad con dignidad. Es aceptar que no tenemos todas las respuestas, pero sí la capacidad de estar presentes, de ofrecer un suspiro de alivio en medio del naufragio.

Cada terapeuta que entra en una sala de supervisión buscando más que técnicas —buscando un lugar donde poder ser humano— me recuerda por qué este espacio es tan necesario. No para corregir, sino para sostener al que sostiene. Y así, una vez más, reafirmé algo que trasciende lo clínico: que la verdadera fuerza de nuestra profesión no reside en cuántas herramientas manejamos, sino en cuántas veces, a pesar de nuestras propias sombras, elegimos acompañar.

Porque, aunque a veces duela, en esa elección silenciosa también encontramos nuestra propia mirada y vocación. Y permanecemos... no porque seamos quienes habitan el dolor, sino porque, al final del día, sabemos que acompañar al otro es también la forma más profunda de no perdernos, de ser, de permanecer ante lo que no tiene nombre, incluso frente a nosotros mismos.

POEMA

9

EN LA FRONTERA DEL CONTACTO

Dicen que él habitó la línea
donde las manos no tocan,
donde el gesto muere antes de ser
y el nombre se desvanece
sin haber sido pronunciado.

Lo vieron caminar
sobre el filo invisible
donde el abandono florece
como una flor sin tierra,
alimentada solo por el viento de lo no dicho.

Era —cuentan—
una sombra vestida de memoria,
cargando en los hombros
el peso de las palabras que nunca le ofrecieron.

En la frontera del contacto
él descubrió que el roce más profundo
es aquel que no sucede,
que el verdadero adiós
no se grita,
se deja caer
como una hoja
que el árbol olvida sin remordimiento.

Los que lo observaron supieron
que no se trataba de ausencia,
sino de un vacío más antiguo:
el espacio sagrado
donde las caricias no nacen
porque temen morir.

Él no fue abandonado,
dicen,
fue devuelto al silencio
del que todos provenimos,
ese lugar donde los cuerpos son apenas un suspiro
y las palabras
una traición a lo eterno.

En la frontera del contacto
su figura se disolvió,
como se disuelven las promesas en la boca cerrada,
como se disuelven los caminos
cuando nadie decide cruzarlos.

Y aún hoy,
cuando el viento arrastra ecos sin dueño,
se dice que es su sombra
la que enseña
que hay distancias
que solo existen
para recordarnos
que nunca fuimos tocados.

EXPOSICIÓN POEMA 9

Jamás se borra de la memoria la primera vez que alguien como Andrés atraviesa la puerta de la consulta. No fue su historia la que me dejó una huella imborrable, ni siquiera una mirada cargada de sufrimiento evidente. Lo que verdaderamente me conmovió fue, paradójicamente, su ausencia. La manera en que entró, casi sin perturbar el espacio, como si su existencia fuese apenas un soplo destinado a desvanecerse sin dejar rastro.

Andrés no arrastraba el peso de un abandono explícito, ni venía acompañado de relatos de pérdidas o traiciones. Lo que le habitaba era un vacío más antiguo y silencioso, de esos que no dejan marca visible porque nunca hubo un contacto que pudiera herir. Era la encarnación misma de esa presencia hecha de sombra y eco, alguien que aprendió a transitar por la delgada línea donde los gestos se extinguen antes de nacer y las manos nunca llegan a rozar otra piel.

Desde las primeras sesiones, su presencia se percibía como una brisa leve, imposible de atrapar. Estaba, pero sin estar del todo. No mostraba resistencias, pero tampoco ofrecía aperturas. Había hecho de la intangibilidad su forma natural de estar en el mundo, no por temor, sino porque jamás conoció otra manera de relacionarse con la existencia.

En una ocasión, su voz rompió el silencio con la naturalidad de quien menciona una obviedad sin carga emocional:

—No recuerdo si alguna vez alguien me abrazó.

No había tristeza en sus palabras, solo la calma de quien sabe que no se puede echar de menos aquello que nunca se ha tenido. Fue entonces cuando comprendí que el desafío no residía en reparar vínculos rotos, sino en abrir la posibilidad, apenas intuida por él, de que el contacto humano era algo más que un concepto ajeno.

Desde una perspectiva clínica, podríamos describir su experiencia como un vacío relacional primario, un apego que nunca llegó a configurarse, fruto de una ausencia temprana de ese otro necesario para la constitución del yo. Sin embargo, las categorías diagnósticas quedaban desdibujadas frente a la presencia simbólica que Andrés representaba: él era la distancia personificada, la huella de todas esas caricias que nunca se atrevieron a existir por miedo a desaparecer.

Cada palabra que pronunciaba caía con la levedad de las hojas en otoño, sin peso, sin urgencia, como si el lenguaje fuera un mero trámite para constatar su paso por el mundo. No había reproches en su discurso; ¿cómo reclamarse aquello que jamás fue ofrecido?

En el proceso terapéutico aprendí pronto que intentar acortar esa distancia sin su consentimiento supondría traicionar su frágil equilibrio. Por ello, opté por permanecer en la frontera, respetando ese espacio inviolable donde el silencio era el único lenguaje posible. Acompañar sin invadir, sostener sin necesidad de tocar.

Poco a poco, Andrés comenzó a otorgar nombre a su vacío, no con dolor, sino con la familiaridad de quien describe el paisaje en el que siempre ha vivido. Relataba su infancia como quien habla de un territorio deshabitado: una casa con muebles, pero sin gestos; figuras parentales presentes en las fotografías, pero ausentes en la mirada; días enteros donde el único roce era el del aire desplazándose a su alrededor.

—Creo que no me dejaron solo... simplemente nunca estuvieron —musitó en una de esas sesiones donde el tiempo parecía suspenderse.

Fue en ese instante cuando comprendí, con una claridad casi dolorosa, que Andrés no había sido apartado del vínculo, sino que jamás fue convocado al calor de la presencia humana.

Acompañarle se convirtió en un ejercicio de profunda humildad: valorar, por encima de todo, que siguiera regresando semana tras semana. Cada sesión era un acto de resistencia frente a la disolución, una afirmación silenciosa de su existencia. No buscaba el contacto en su forma tangible, pero comenzaba a intuir que, más allá de su frontera, había algo que no amenazaba con devorarlo: una presencia discreta, que no exigía.

Un día, tras un largo silencio compartido, levantó la mirada —esa que siempre evitaba el encuentro directo— y susurró:

—A veces pienso que nunca fui realmente visto... pero ahora sé que alguien puede quedarse, aunque sea al otro lado.

No hicieron falta más palabras. En esa sencilla frase se produjo el verdadero encuentro, no físico, sino profundamente existencial. Andrés había descubierto que, aunque las caricias no nacieran, existían miradas que no rehuían, presencias que no desaparecían con el paso del tiempo.

Cuando llegó el momento de concluir el proceso, Andrés seguía siendo un hombre de silencios y distancias. Sin embargo, ya no era solo una sombra. Había aprendido que habitar la frontera del contacto no era una condena, sino una narrativa que merecía ser reconocida y contada.

Salió en su última sesión con la misma ligereza con la que había llegado meses atrás. Sin embargo, esta vez, el aire que quedó tras su partida no olía a ausencia, sino a una presencia contenida, serena, como quien ha aprendido a habitar el vacío sin permitir que este lo devore por completo.

Porque hay distancias que no se salvan con pasos, sino con la certeza de que, incluso en el silencio más profundo, alguien permanece al otro lado, recordándonos que ser vistos no depende de haber sido tocados, sino de la dignidad de existir ante la mirada de otro.

POEMA

10

CARTOGRAFÍA DEL SILENCIO

Se sienta frente a mí
como quien despliega sobre la mesa
un mapa roto,
hecho de caminos que no llevan a ninguna parte,
de ciudades arrasadas por palabras que jamás llegaron a
pronunciarse.

No habla.
Pero en su respiración entrecortada
se dibujan los límites de un territorio
donde el dolor ha levantado sus propias fronteras,
inalcanzables para el lenguaje común.

He aprendido que hay silencios
que no son vacío,
sino selvas densas donde cada hoja
esconde el rugido de un miedo antiguo,
y cada sombra
es la huella de una ausencia que aún respira bajo la piel.

Observo cómo sus dedos tiemblan
al borde de una confesión imposible,
como si temiera que al nombrar la herida
se abriera un abismo tan profundo
que ni siquiera la memoria pudiera cerrarlo.

El silencio no es falta de palabras,
es una lengua muerta
que solo los cuerpos entienden.
Y él —mi paciente—
habita en esa lengua extinguida,
trazando con gestos mínimos
la cartografía secreta de su naufragio interior.

Hay un océano sin nombre detrás de sus ojos,
un mar en el que flotan las ruinas
de todas las veces que quiso gritar
y solo le respondió el eco sordo de sí mismo.

Yo no interrumpo su silencio.
Sé que cada segundo sin palabras
es un puente que tiembla,
una cuerda floja sobre el abismo de su historia.
Aquí no busco respuestas,
porque las respuestas son inútiles
cuando el sufrimiento ha aprendido
a esconderse en los pliegues del tiempo.
Solo marco en mi mente,
con la delicadeza de quien toca un cristal a punto de romperse,
el lugar donde su mirada se perdió por un instante:
ese es el punto cardinal del dolor.

Y entiendo, al fin,
que el verdadero mapa de un hombre
no se dibuja con rutas ni destinos,
sino con las grietas que deja el silencio
cuando se convierte en hogar.

Así, en esta sesión donde nada se ha dicho,
he recorrido más caminos
que en mil conversaciones llenas de palabras vacías.
Porque en su cartografía del silencio,
he visto el territorio sagrado
donde el alma
aún espera ser escuchada
sin ser juzgada,
sin ser salvada,
simplemente
ser.

EXPOSICIÓN POEMA 10

Francisco se sentó frente a mí como si el mero hecho de estar allí, en ese preciso instante, ya constituyera un acto de valentía silenciosa, casi heroica. No necesitó pronunciar palabra alguna para que yo comprendiera, que traía consigo un mapa roto; un mapa cuya geografía no se despliega mediante palabras ordenadas, sino que se revela a través de respiraciones entrecortadas, miradas que rehúyen el contacto directo y dedos que, temblorosos, se aferran al borde de una confesión que quizá, y solo quizá, nunca llegue a materializarse.

Con el transcurso del tiempo, y tras muchas experiencias similares, he aprendido a reconocer ese tipo de silencio denso y cargado de significado. No se trata de una evasión premeditada, tampoco de una resistencia consciente. Es, más bien, un silencio espeso, casi tangible, saturado de vida no dicha, de historias que pesan tanto que intentar pronunciarlas sería como intentar sostener una estructura a punto de colapsar. Él no callaba por falta de palabras o por no tener nada que decir; callaba porque cada palabra que osara salir de su boca podría convertirse en una grieta peligrosa en la presa que, durante años, había contenido el vasto océano de su dolor.

Lo observé en silencio, pero no con la actitud de quien aguarda ansioso a que el otro hable, sino con el respeto profundo de quien entiende el lenguaje ancestral de los cuerpos que han aprendido, por necesidad, a sobrevivir sin hacer ruido. Sabía, con certeza, que en ese momento lo peor que podía ofrecerle era una pregunta imprudente, una invitación inoportuna a nombrar lo innombrable. Hay territorios del alma donde las palabras no germinan porque la esencia misma está ocupada, de manera urgente, en sostenerse erguida frente al abismo.

Sus ojos, aunque no se posaban en los míos, emprendían viajes lejanos, y yo, en silencio, los acompañaba. Detrás de aquella mirada perdida se extendía un mar sin nombre, un océano invisible donde flotaban, a la deriva, los restos de todas aquellas veces en que quiso gritar y solo obtuvo, como respuesta, el eco apagado de su propia voz desvaneciéndose en la nada.

Cada gesto mínimo —el casi imperceptible movimiento de sus manos, la vacilación de su pecho al intentar respirar con normalidad— iba trazando ante mí la cartografía secreta de su naufragio interior. No necesitaba conocer los detalles precisos de su historia, pues entendía que los detalles son para quienes creen, erróneamente, que comprender equivale a acumular información. Yo sabía que, en aquella sesión donde las palabras brillaban por su ausencia, estaba recorriendo más caminos auténticos que en cualquier relato prolijo lleno de palabras vacías y explicaciones superfluas.

Porque existe un dolor que no se narra; existen heridas que simplemente se habitan. Y él llevaba años habitando un territorio inhóspito donde el sufrimiento había erigido fronteras inquebrantables, imposibles de cruzar mediante el lenguaje convencional.

Me cuestioné entonces, como tantas otras veces en situaciones similares, cuál era realmente mi lugar en aquel espacio compartido. La respuesta surgió con la claridad de quien ya ha transitado este terreno antes, aunque siempre resulte difícil de sostener: estar presente, ser presencia y nada más. No salvar, no interpretar, no buscar atajos forzados hacia una salida que, en ese momento, aún no era posible ni deseable.

Vi cómo, en un instante fugaz, su mirada se perdía en un punto invisible de la sala, como si su mente hubiera sido arrastrada por una corriente súbita. En ese preciso segundo marqué, en mi mente, el punto cardinal de su dolor. Ignoraba qué imagen lo había atravesado o qué recuerdo había rozado su conciencia con tanta fuerza, pero sabía, sin lugar a dudas, que allí, en esa breve ausencia, se encontraba el epicentro exacto de su mapa emocional.

La práctica clínica, en numerosas ocasiones, nos instruye en la búsqueda de síntomas, diagnósticos y estrategias de intervención. Sin embargo, hay sesiones —y son precisamente las más significativas— en las que todo eso resulta irrelevante. En esos momentos, lo único verdaderamente importante es saber cómo no romper el silencio. Porque el silencio, cuando está colmado de verdad, se transforma en un santuario inviolable. Y penetrar en él sin permiso equivale a profanar un espacio sagrado.

No sabría decir cuánto tiempo permanecimos en ese estado de comunión silenciosa, un silencio que nos abrazaba. Los relojes, en estos casos, pierden todo sentido, como si el tiempo mismo se suspendiera. Al finalizar la sesión, apenas cruzamos una mirada antes de que él se despidiera, dejando tras de sí el mismo silencio con el que había llegado, aunque, quizá, ligeramente transformado.

A ojos de un observador externo, podría parecer que no ocurrió absolutamente nada. Que fue una sesión vacía, carente de contenido. Pero ambos sabíamos —aunque él quizá no pudiera ponerlo en palabras— que en aquel espacio donde ninguna palabra fue pronunciada, habíamos recorrido juntos la geografía más compleja y profunda de todas: la del alma que aún no está lista para hablar, pero que agradece, en su mutismo, que alguien sepa acompañar sin exigir, sin apresurar.

Cuando me quedé solo en la sala, reflexioné sobre lo que acababa de suceder. Comprendí, con una claridad serena, que el verdadero mapa de una persona no se dibuja con lo que cuenta, sino con las grietas que deja el silencio cuando este se convierte en refugio, en hogar.

Aquella tarde, en una sesión aparentemente vacía de palabras, supe que había recorrido más territorio humano que en cien conversaciones llenas de discursos. Y entendí, con la certeza —la que nunca tuve y sigo buscando en mis días— tan solo aquella que quizá otorga la experiencia, que en su cartografía del silencio había sido testigo de algo esencial: ese lugar íntimo donde el alma no clama por ser salvada, sino que, simplemente, pide ser respetada, acompañada y sostenida... En definitiva, pide ser, en su forma más pura.

POEMA

11

LAS PUERTAS QUE NO CERRÉ

Aquella noche no hubo cerrojos,
solo el rumor de las cosas que callan cuando uno decide irse.
Dejé abiertas las puertas, todas,
como quien no sabe si volverá a cruzarlas
o si prefiere que el viento haga el trabajo de borrar las huellas.

La puerta del balcón quedó temblando,
una grieta de aire rozando la tentación del vacío.
Allí donde el horizonte parecía susurrarme
que la caída era apenas otro modo de volar sin regreso.

No cerré la puerta del baño,
ni la del cajón donde descansan las pastillas
como pequeños planetas dispuestos a apagar la gravedad.
Cada una con su promesa de silencio eterno,
cada una con su luz apagada antes de tiempo.

La puerta de mis pensamientos estaba desbordada,
una avalancha de voces sin rostro
repetía el eco gastado de un adiós prematuro.
Y sin embargo,
hubo un titubeo,
una sombra de duda que rozó su apertura
y me recordó que incluso la oscuridad
necesita permiso para quedarse.

No cerré la puerta del teléfono,
aunque sabía que nadie llamaría a esas horas
donde los relojes dejan de medir el tiempo
y solo cuentan los latidos que faltan.

Pero, entre todas las puertas abiertas,
hubo una que permaneció entreabierta por descuido,
o por instinto,
esa rendija diminuta donde la memoria se aferra
a un rostro,
a una palabra no dicha,
a la imagen de un amanecer que aún no he visto.

No fue valentía ni cobardía,
fue simplemente el acto de quedarme quieto,
esperando que la noche se cansara de invitarme.
Y en ese cansancio,
encontré la respiración torpe de quien decide
mirar el dolor a los ojos
y decirle:
"Hoy no."

Ahora camino por la casa como quien recorre un campo de
recuerdos,
sabiendo que las puertas siguen ahí,
que ninguna tiene llave,
pero que aprendí a dejarlas abiertas
sin que eso signifique despedida.

Porque, a veces, sobrevivir
es tan solo aprender
a convivir con las puertas que no cerré.

EXPOSICIÓN POEMA 11

No siempre llegan dispuestos a relatar lo sucedido. En ocasiones,
basta con cómo se sientan frente a ti, con esa mirada que, sin
pronunciar palabra, revela el peso de lo vivido. Es la mirada de
quien ha transitado demasiado cerca del umbral, de quien reco-
noce el susurro exacto con el que la noche invita a cruzar... y, sin
saber bien por qué, decide quedarse.

Laura no comenzó hablando de la muerte. Prefirió describir un
cansancio que trascendía lo físico, un agotamiento arraigado en
el mero hecho de existir. Cuando evocaba su hogar, lo hacía con
la misma serenidad con la que alguien describiría un campo de
batalla tras el estruendo: cada estancia, cada objeto, convertidos
en testigos mudos de una noche en la que las puertas quedaron
abiertas, no por descuido, sino por la sutil tentación de no volver
a cerrarlas jamás.

Fue necesario llegar a la cuarta sesión para que, casi de forma
inadvertida, pronunciara la frase que marcaría el verdadero inicio
de su relato:

—No sé si quería morirme... pero esa noche dejé todas las puer-
tas abiertas.

En ese instante comprendí que no era necesario indagar en métodos, planes o escalas de riesgo. No en ese momento concreto. Lo esencial era acompañarla en ese espacio ambiguo donde tantas personas sobreviven: un lugar donde no se elige vivir con plena convicción, pero tampoco se cruza definitivamente hacia el otro lado.

Al pronunciar su nombre —Laura— sentí que comenzábamos a iluminar ese corredor oscuro en el que había aprendido a desplazarse en silencio. Laura no era la protagonista de un intento frustrado, de lo que conocemos como tentativa de suicidio en el ámbito clínico; era alguien que había convivido con la posibilidad tangible de desaparecer y que ahora buscaba comprender cómo seguir adelante con esas puertas entreabiertas.

A medida que avanzaban nuestras conversaciones, me habló del balcón, de cómo aquella noche el viento se transformó más en un susurro que en una amenaza. Habló de las pastillas, no desde el gesto de sostenerlas, sino desde la certeza de su presencia, ofreciéndole silencio en pequeñas dosis. Mencionó el teléfono, que no sonó, pero que tampoco apagó, por si acaso... por si alguien, sin saberlo, decidía llamarla de regreso a la vida.

Cabe señalar que Laura no pretendía teñir su relato de dramatismo. Su voz era serena, como la de quien ha asumido que, en ciertas noches, el mayor acto de valentía consiste en permanecer inmóvil, esperando a que el dolor se agote antes que ella.

—No fue que decidiera vivir —me confesó—. Fue que la noche se cansó antes que yo.

Desde la práctica clínica, comprendemos bien esa ambivalencia. Sabemos que no todo gesto de sobrevivir nace de un deseo explícito de vivir. A veces, basta con un simple "hoy no". Y en ese "hoy no" se resguarda una dignidad profunda, silenciosa, pero incontestable.

Por tanto, el trabajo con Laura no consistió en cerrar puertas, sino en enseñarle a convivir con ellas abiertas, despojándolas de miedo, de culpa, y de esa constante sensación de estar siempre al borde del abismo. Le expliqué que no se trataba de fortificar su "casa interior", sino de aprender a habitarla, consciente de que, aunque el viento vuelva a soplar, tiene pleno derecho a permanecer sin tener que justificar su presencia.

Con el tiempo, los suyos, Laura empezó a caminar por su vida como quien recorre un lugar familiar, aunque con una mirada renovada. Sabía que las puertas seguirían ahí, y que habría días en los que el horizonte volvería a susurrarle promesas de descanso eterno. Sin embargo, también descubrió esa pequeña rendija por la que se cuelan los amaneceres aún no vividos.

Antes de concluir nuestro proceso terapéutico, tras un largo espacio de encuentros y desencuentros, me dejó una reflexión:

—He entendido que sobrevivir no es cerrar las puertas... es aprender a vivir sin que me arrastren.

Laura no se convirtió en alguien ajeno al dolor, ni transformó la tentación en una alegría perpetua. Pero sí halló la manera de mirar al vacío y decirle, con la serenidad de quien conoce su propio terreno: "Hoy tampoco."

En definitiva, en ese acto sencillo de resistencia diaria residía su auténtica victoria. No una victoria grandilocuente, de esas que llenan titulares, sino la que reconocemos quienes acompañamos a personas que han aprendido que vivir implica caminar junto a las puertas que un día no cerraron, sin permitir que sean ellas quienes dicten su destino.

POEMA
12

EL ÚLTIMO UMBRAL

No vengo a cerrarte los ojos,
vengo a sostenerlos abiertos
hasta que la luz decida apagarse sola,
como una vela que entiende
que ya no queda sombra por iluminar.

Estoy aquí,
donde el dolor es un animal manso
que se acurruca entre tus huesos,
y la respiración se vuelve
ese hilo fino que el destino
desenreda con dedos pacientes.

Te tomo la mano,
aunque sé que ya no buscas el calor,
sino la certeza de que alguien nombre tu partida
sin miedo,
sin mentiras de esperanza hueca.

He aprendido a callar contigo,
a escuchar el lenguaje secreto
del cuerpo que negocia su rendición,
a leer en tus párpados el poema final
que ningún poeta se atreve a escribir.

No te hablo de batallas,
ni de cielos que prometen consuelo.
Te hablo de este momento,
de cómo la muerte no es una enemiga,
sino una puerta que sabe esperar
hasta que estés listo para cruzarla descalzo.

Respiro contigo,
porque el aire compartido es la última forma de amor,
y cuando tu pecho olvide el ritmo,
seré el eco que quede,
testigo del instante en que el peso del cuerpo
se transforme en pluma
y flote hacia donde ya no duele.

No hay prisa.
La muerte es una maestra que camina despacio,
y yo camino a tu lado,
sin llevarte,
sin retenerte,
solo velando que el umbral no sea una caída,
sino un paso
—leve,
digno,
tuyo—
hacia ese lugar donde mi voz ya no puede seguirte,
pero mi silencio te acompaña.

EXPOSICIÓN POEMA 12

No siempre se aprende, desde el inicio, cómo permanecer junto a quien se despide de la vida. En mis primeros encuentros con la muerte, como sucede a tantos terapeutas, creí que acompañar significaba llenar los silencios con palabras, aferrarme a consuelos heredados, a esas frases prefabricadas que prometen alivio o trascendencia, cuando en realidad solo encubren nuestro propio temor a enfrentarnos al vacío que deja el silencio. Sin embargo, fue al conocer a Ismael cuando comprendí que, en el umbral de la muerte, lo único que realmente tiene sentido es la presencia desnuda, sin artificios.

Desde el primer momento, Ismael dejó claro que no buscaba promesas. Al entrar en aquella habitación, descubrí en su mirada la ausencia de preguntas y, con ella, la ausencia de esa rebeldía disfrazada de esperanza que, en ocasiones, confundimos con lucha. Lo que habitaba allí era distinto: una calma profunda, casi ceremonial, propia de quien ha aceptado su destino y solo espera que el tiempo, sin ser llamado, abra la última puerta.

Por ello, me limité a sentarme a su lado, dejando que el silencio marcara el inicio de ese acompañamiento sincero. No hubo preguntas sobre su estado; ambos sabíamos que las palabras habían perdido su función en ese territorio incierto donde el cuerpo comienza a ceder y la vida se va deshilachando lentamente.

En ese gesto sencillo de tomar su mano, no buscaba ofrecer consuelo ni calor, sino dejar constancia de una certeza: no iba a soltarla. Porque, llegado ese momento, uno sostiene no para retener la vida que se escapa, sino para asegurar al otro que, mientras permanezca en este lado del camino, no recorrerá solo ese tránsito invisible.

A pesar de la dificultad con la que respiraba, Ismael lo hacía con la serenidad de quien no tiene prisa. La muerte, paciente y respetuosa, aguardaba sin imponerse, como si entendiera que no era su papel apresurar nada. Fue entonces cuando comprendí que mi función no era oponerme a ella, sino acompasar mi presencia al ritmo de ambos: al de Ismael, que se despedía, y al de la muerte, que sabía esperar.

Así transcurrieron las horas, envueltos en un silencio pleno, el más elocuente que he conocido. Lejos de ser un vacío, aquel silencio era un lenguaje antiguo, reservado para quienes han renunciado a la necesidad de intervenir. Observaba cómo, de vez en cuando, sus párpados temblaban, como si en ese leve movimiento se esbozara un último poema que nadie osa escribir.

En ningún momento recurrí a discursos sobre victorias, ni a promesas de paraísos futuros. Mi mensaje fue otro, más sencillo y honesto: le hablé sin palabras de la dignidad del presente, de cómo mi presencia estaba allí para que su partida no se sintiera como una caída abrupta, sino como un paso sereno, propio, libre de todo artificio. Sabía bien que no me estaba permitido cruzar con él ese umbral, pero también era consciente de que mi silencio sería su última compañía antes de que la luz, por sí sola, decidiera extinguirse.

Cuando sus respiraciones comenzaron a espaciarse, no hubo lugar para el miedo. Ismael, sin proponérselo, me estaba ofreciendo una lección que trasciende cualquier manual: comprender que la muerte no es una derrota, ni un adversario al que combatir, sino una puerta que, al abrirse, solo exige respeto y presencia consciente.

En el instante final, comprendí que ya no sostenía su mano, sino el testimonio de haber estado allí, acompañándolo hasta donde la vida me permitía hacerlo. Su cuerpo, despojado ya de peso, parecía liberado de la gravedad, como si el propio mundo entendiera que ya no era necesario retenerlo.

Permanecí un tiempo con aquella habitación en mi memoria, respirando en soledad, pero con la certeza de que aquel último aliento compartido había sido la expresión más pura del acompañamiento humano.

Al abandonar la estancia, no sentí la pérdida en términos de ausencia. Sentí, más bien, que había cumplido con el acto de estar presente hasta el límite donde la voz calla y solo queda la valentía de aceptar el silencio. Comprendí, desde entonces, que el verdadero sentido de acompañar no reside en evitar la muerte, sino en cuidar que ese último paso se dé con la dignidad, la ligereza y la humanidad que merece.

Porque, llegado el final, cuando ya no es posible seguir sus pasos, solo nos queda asegurar que, hasta el último instante, quienes parten sepan que no lo hacen en soledad.

Y es en ese silencio, donde las palabras se extinguen, donde seguimos acompañando.

POEMA
13

MEMORIA DE CRISTAL

Traes contigo un bolso lleno de espejos rotos,
cada uno tallado con las palabras
que otros dejaron caer sobre tu espalda
como si fueran verdades de mármol.

Cada gesto habla de cristales antiguos,
de frases convertidas en heridas pulidas,
donde la imagen que devuelve el recuerdo
está hecha de cortes
y de nombres que otros impusieron
como cicatrices sin consentimiento.

Los ojos no buscan verse,
buscan sobrevivirse,
mientras las sombras de juicios ajenos
se deslizan por la piel
como un eco que nunca aprendió a callar.

Las palabras que recibió
fueron piedras disfrazadas de consejos,
sentencias disfrazadas de amor,
y así aprendió a mirarse:
desde la distorsión,
desde la culpa heredada,
desde el temor a no ser suficiente
para esos espejos que exigen y deforman.

Aquí,
donde el tiempo no hiere
y el silencio no acusa,
los espejos comienzan a perder su poder,
se opacan poco a poco
como vidrios olvidados por la luz.

El reflejo deja de ser un enemigo,
cuando la mirada ya no busca aprobación,
sino reconocimiento.
No hace falta romper nada,
solo dejar caer
las imágenes que nunca fueron suyas,
permitir que el peso abandone los hombros
como una vieja costumbre que ya no sirve.

Y en ese gesto leve,
cuando el espejo interior deja de ser un tribunal,
nace la posibilidad
de habitarse sin miedo,
de descubrir que la verdadera forma
no se encuentra en el cristal,
sino en el latido sereno
de quien, por fin,
se mira con sus propios ojos.

EXPOSICIÓN POEMA 13

Cuando cruzó por primera vez la puerta, no hizo falta que dijera gran cosa. Hay presencias que hablan en un idioma que no necesita palabras, y la suya traía consigo un peso antiguo, de esos que no se ven, pero se sienten en el aire, como una brisa densa que precede a la tormenta. No era solo su historia lo que arrastraba, era ese bolso invisible que tantos llevan colgado del alma, sin saber que, en realidad, siempre han tenido la opción de dejarlo en el suelo. Un bolso lleno de espejos rotos, testigos mudos de todas esas veces en que otros le devolvieron imágenes que nunca le pertenecieron.

No vino a relatar traumas ni heridas en voz alta. Clara hablaba de sí misma como quien describe una sombra que ha aprendido a observar desde fuera, temerosa de acercarse demasiado. Cada gesto suyo parecía medir el espacio, como si temiera que cualquier reflejo le recordase la versión deformada de quien le dijeron que era. Y entonces lo comprendí: llevaba años viéndose a través de cristales empañados por juicios ajenos, de memorias de cristal por comparaciones afiladas, por esas frases envueltas en un falso cariño que terminan por doler más que cualquier herida.

Un día, sin necesidad de preludios, dejó caer una verdad desnuda: "Nunca he sabido quién soy sin la opinión de los demás." No fue una confesión dramática, sino ese tipo de revelación que nace cuando uno se cansa de cargar con disfraces que nunca eligió.

Sabía que el camino no pasaba por inflar una autoestima artificial, como si bastara con repetirle que era suficiente. No. Lo que realmente necesitaba era desaprender esa costumbre tan arraigada de mirarse con los ojos que no eran suyos.

Así, cada sesión se convirtió en un ritual silencioso: abrir, sin prisas, ese bolso imaginario y contemplar, sin tocarlos, los fragmentos de los espejos que había ido recogiendo a lo largo de su vida. Allí reposaban las viejas sentencias: "Siempre tan sensible", "Nunca serás como tu hermano", "Si te quieres, te esfuerzas más". Cada palabra era un filo pulido por el tiempo, un reflejo ajeno que le devolvía una imagen imposible de habitar.

Nunca le pedí que rompiera esos espejos. Aprendí que no se trata de luchar contra ellos, porque a veces, cuanto más batallamos con nuestras heridas, más las alimentamos. La verdadera invitación fue otra: dejar de mirarlos. Aprender a caminar sin necesitar ese reflejo prestado, aunque al principio el vacío de no verse pudiera parecer un abismo.

Y fue entonces cuando, casi sin darse cuenta, sus gestos empezaron a transformarse. Ya no buscaba en mis ojos la confirmación de cada palabra. Ya no se corregía antes de sentir. El bolso seguía ahí, sí, pero cada vez más olvidado en un rincón, como esas cargas que un día fueron imprescindibles y que, sin saber cómo, dejan de tener sentido.

Hasta que un día, en medio de una conversación trivial, el silencio la sorprendió mirando por la ventana. Entonces dijo, casi para sí: "Creo que por primera vez he dejado el bolso en casa... y no lo eché de menos."

No hizo falta añadir nada. A veces, el verdadero cambio no es ruidoso. No llega con fuegos artificiales, sino con el suave suspiro de quien comprende que ha soltado algo que ya no necesita nombrar. Porque el verdadero avance no está en destruir los viejos espejos, sino en darse cuenta de que ya no hacen falta para saberse entera.

Al cerrar el proceso, no le hablé de convertirse en alguien nuevo. Porque no era eso. Era, sencillamente, el regreso a sí misma, despojada de las cicatrices que otros dibujaron en su piel sin permiso. Antes de marcharse, me dejó una última imagen que aún resuena en el silencio de la sala:

"Ahora sé que puedo pasar frente a un espejo... y no preguntarle quién soy, a pesar de mis recuerdos."

Y comprendí, en ese instante, que había soltado un peso más profundo que cualquier palabra pudiera abarcar. Porque acompañar en terapia no es enseñar a encontrar una mejor versión en el reflejo, sino caminar al lado de quien decide soltar los espejos rotos, sus memorias de cristal y descubrir que siempre fue una mujer completa, aunque nadie se lo hubiera dicho antes.

POEMA

14

CUNA DE VIENTO

Hay un espacio oculto
en la curva temblorosa de tus manos abiertas,
donde el mundo prefiere no detener su mirada.

Una cuna de viento
se ha quedado a vivir en el hueco de tu pecho,
sin un nombre completo,
sin llanto que despierte a la mañana,
sin el peso tibio de un cuerpo esperado.

He visto a madres
tejiendo con hilos invisibles abrazos eternos,
buscando en el aire la forma de un pequeño milagro
que nunca llegó a rozar la piel del tiempo.

Y tú, quieta,
con el corazón sosteniendo un silencio que pesa,
esperas respuestas que ni el viento
se atreve a pronunciar en voz alta.

Dicen que el viento es olvido,
que no guarda memoria de aquello que toca y se lleva,
pero yo sé que hay brisas suaves,
tan ligeras como un suspiro,
que huelen para siempre a despedida.

Tu vientre fue un cielo cerrado antes del alba,
una semilla dormida en el umbral de la vida,
un latido que eligió quedarse
en el lenguaje secreto de lo que no se ve.

No hay consuelo posible
cuando la ausencia toma la forma perfecta
de un cuerpo que nunca fue cuerpo,
pero que duele
como si hubiese llenado cada rincón del alma.

Solo queda aprender
a sostener con delicadeza infinita
el peso liviano y eterno
de lo que duele más que el propio tiempo.

Respira, aunque sientas que el aire
se convierte en cristal dentro de tus pulmones,
aunque cada exhalación te recuerde
que hay risas que jamás aprenderán a volar.

Estoy aquí,
no para cerrar la herida que te habla en susurros,
sino para enseñarte a mirarla con ojos de luna,
como quien entiende que incluso la luz
necesita de sus sombras para ser completa.

Cuando el viento cruce tu piel
y sientas que algo invisible acaricia tu memoria,
no preguntes nada.
Es él,
o el eco dulce de lo que fue suyo,
o el amor puro,
que no necesita carne ni tiempo para quedarse.

Y si algún día tus labios tiemblan
al intentar pronunciar la ausencia que habita tu voz,
abre las manos,
mira el hueco donde el alma aprende a acurar el vacío,
y sabrás que en esa cuna de viento
duerme, sin prisa,
el hijo que solo el corazón
es capaz de abrazar para siempre.

EXPOSICIÓN POEMA 14

Hay historias que, sencillamente, el mundo no sabe —o quizá no se atreve— a nombrar. Son heridas y experiencias que habitan un territorio incierto, suspendido entre el inicio de la vida y el eco de la muerte, donde el tiempo parece no haber comenzado y, sin embargo, el sufrimiento ya se ha instalado con la promesa de no irse jamás. El duelo perinatal pertenece a ese espacio silenciado, un lugar donde la ausencia es tan etérea que muchos prefieren fingir que no existe. Pero existe. Y pesa. Pesa con una densidad que solo quien lo ha vivido es capaz de comprender.

En este contexto, ella llegó a consulta envuelta en ese silencio espeso y casi impenetrable que acompaña a quienes cargan con pérdidas que la sociedad no sabe —o no quiere— mirar de frente. No traía consigo un llanto desbordado ni palabras desesperadas. Lo que portaba era ese gesto contenido, aprendido tras escuchar repetidamente que "no era para tanto", que "ya habrá otra oportunidad", o que "mejor ahora que más adelante". Expresiones bienintencionadas, sí, pero que sin saberlo acrecientan aún más la soledad de una madre a la que le han arrebatado aquello que el mundo jamás llegó a reconocer como real.

Aunque su vientre ya estaba vacío al cruzar la puerta, el peso que sostenía era inconmensurable. No se trataba del peso de un cuerpo, sino de la huella invisible de una presencia que nunca llegó a materializarse, de un hijo que existió apenas en el susurro de un latido y en esos sueños tempranos que, sin previo aviso, se desvanecieron dejando tras de sí un vacío imposible de nombrar.

Acompañar un duelo de esta naturaleza en el ámbito terapéutico implica, antes que nada, renunciar a cualquier intento de explicación racional. No hay consuelo posible cuando la pérdida es tan intangible que incluso quien la sufre llega a cuestionarse si tiene derecho a ese dolor. Y, pese a ello, el dolor se aferra, alojándose justo en ese lugar donde debía crecer la vida.

En una de aquellas primeras sesiones, fue ella quien rompió el silencio con una pregunta que aún hoy resuena con fuerza:

—¿Cómo se llora a alguien que nadie llegó a conocer?

No esperaba respuesta. Solo necesitaba que su sufrimiento dejara de ser invisible. Porque el duelo perinatal no solo enfrenta a la ausencia física; también confronta la ausencia social, la incomprensión y ese silencio incómodo que rodea a quienes no saben cómo reaccionar. A menudo, el mayor dolor no es la pérdida en sí, sino la imposibilidad de encontrar un espacio donde poder nombrarla.

Así, me fue relatando historias que jamás llegaron a ser realidad: la cuna que quedó sin montar, los nombres susurrados en la intimidad, las ilusiones tejidas en conversaciones nocturnas. Pero, sobre todo, hablaba del vacío que la invadió el día en que le comunicaron que el latido había cesado. Mientras el mundo seguía su curso, para ella el tiempo quedó atrapado en ese instante donde entendió que no habría llanto, ni brazos abiertos, ni primeras miradas que guardar en la memoria.

Desde la perspectiva clínica, es bien sabido que el duelo perinatal es uno de los más invisibilizados y banalizados. Con frecuencia, quienes lo atraviesan deben enfrentarse tanto a la negación externa como a la presión interna de "pasar página" con rapidez, como si la brevedad del tiempo vivido pudiera justificar un dolor igualmente breve. Sin embargo, quienes acompañamos estos procesos sabemos que el dolor no se mide en semanas de gestación, ni en ecografías, ni en planes interrumpidos. Se mide en la profundidad de aquello que pudo ser y no fue, en un amor que ya había echado raíces antes de que la vida tuviera forma.

Con el tiempo y el trabajo compartido, ella comprendió que no debía pedir permiso para sentir. Que aquel hijo, aunque nunca respiró fuera de su cuerpo, había dejado una marca imborrable. No se trataba de cerrar una herida, sino de aprender a convivir con ella, de entender que hay ausencias que no buscan ser superadas, sino acogidas con ternura en el alma, como quien cuida de un suspiro que permanece en la memoria sin necesidad de palabras.

Finalmente, tras muchas sesiones de silencios y compañía en espacios seguros, llegó el día en que pudo pronunciar su nombre. Ese nombre elegido con amor y que hasta entonces nadie fuera de aquella sala conocía. Al hacerlo, no hubo desgarro. Hubo una sonrisa serena, teñida de melancolía y dulzura, como quien por fin reconoce que aquello que se nombra existe.

—No quiero olvidarlo... —me confesó.

En ese momento supe que habíamos alcanzado el verdadero propósito del proceso terapéutico: no borrar el dolor, sino transformarlo en un recuerdo digno, en un espacio donde la ausencia pudiera sostenerse sin convertirse en una sombra que devorara la vida.

Cuando llegó el momento de cerrar la terapia, no hablábamos de superación, sino de cómo había aprendido a caminar con ese vacío en el pecho, con esa ausencia en su vientre, sin temor, sin culpa, con la certeza de que en esa cuna hecha de viento descansaba, para siempre, el amor más puro: aquel que no necesitó tiempo, ni cuerpo, ni reconocimiento social para quedarse.

Porque hay despedidas, duelos, que no requieren rituales públicos, pero sí merecen un rincón íntimo donde ser honradas, recordadas, lloradas. Y hay hijos que no llegaron a nacer, pero que permanecerán eternamente abrazados en el único lugar donde la vida y la muerte no se enfrentan: el corazón de una madre.

POEMA

15

DUELOS SIN NOMBRE

Hay faros que en la niebla callan
cuando el mar, de pronto, se retira,
y un soplo oscuro los avasalla
sin que el mundo escuche su caída.

Son los que velan tras la herida,
los que al dolor prestaron nombre,
quienes recogen, día tras día,
la sed sin fondo de otro hombre.

Pero si muere el que fue amado
por manos que no alcanzan tierra,
queda el aliento desbordado
y el alma envuelta en una guerra.

Una pregunta se desliza:
¿qué grieta no logré mirar?
¿Fui muro ciego ante la brisa
que lo empujaba hacia el final?

No hay duelo que se reconozca
cuando el doliente es el que guía;
la pena se disfraza en tosca
coraza de sabiduría.

Se escribe el informe, se borra el temblor,
se aprieta el gesto, se afina el hablar,
pero en las venas vibra el rumor
de un nombre ausente que no cesa de estar.

¿Y quién sostiene al que sostiene?
¿Quién lo abraza sin pedir razón?
También el alma que comprende
merece un canto, un rincón, un perdón.

Que se levante un lugar sin medida
donde el que escucha pueda llorar,
porque también la voz de la vida
a veces tiembla, se rompe, se va.

EXPOSICIÓN POEMA 15

Había solicitado la cita con una escueta frase: "Necesito hablar de algo que me está costando elaborar." Terapeuta de larga trayectoria, especializado en el trabajo con adolescentes, acostumbrado a sostener lo más crudo del sufrimiento humano. Sin embargo, aquella mañana, al entrar en consulta, parecía caminar con una fragilidad contenida, como si cada paso requiriese una decisión previa. Se sentó, evitó mirar de frente durante unos segundos y, finalmente, habló.

Lo que traía no era un caso clínico. Tampoco una duda técnica. Lo que traía era una pérdida. Una de esas que no se terminan de asimilar nunca del todo. Un paciente suyo, a quien había acompañado durante más de un año, se había quitado la vida hacía pocas semanas. Lo supo por una llamada del padre, que agradeció su dedicación y, al mismo tiempo, le comunicó el desenlace con una voz de resignación rota.

Desde entonces, todo parecía haberse detenido. No en lo externo -seguían las consultas, los informes, las reuniones de equipo-, sino en esa zona interior donde se asientan la confianza clínica y la percepción de sentido en el trabajo cotidiano. Era ahí donde había comenzado a resquebrajarse algo. Un temblor sutil, pero persistente.

El relato fue surgiendo con dificultad. No por falta de palabras, sino por el peso de lo que implicaban. La última sesión con aquel paciente había sido tranquila. Incluso esperanzadora. No hubo señales de alerta claras, ni frases ambiguas, ni despedidas implícitas. Todo parecía bajo control. Habían hablado de seguir avanzando. De proyectos pendientes. De seguir viéndose.

Esa imagen se había instalado como una obsesión. Reproducía mentalmente cada minuto de aquella conversación, tratando de encontrar lo que tal vez no quiso ver. La autocrítica había adquirido, en los días posteriores, una forma casi feroz. Como si todo lo aprendido durante años quedara invalidado por una sola ausencia. Como si el vínculo que creyeron haber construido no hubiera sido suficiente.

Aparecían sentimientos difíciles de encajar en el discurso profesional. Una culpa sorda, persistente, que no remitía ni siquiera con la lógica. Un miedo nuevo: el de volver a fallar. El de no saber interpretar correctamente el sufrimiento de otro. El de mirar al dolor ajeno con sospecha, como si ya no pudiera confiar en su propio juicio.

Había algo más. Una tristeza profunda, apenas nombrada. No era la tristeza del error, sino la de la pérdida real. La de alguien que se había ido, con quien se había compartido un proceso íntimo, doloroso, humano. Esa conexión, construida con paciencia y esfuerzo, había quedado interrumpida de forma abrupta. Sin cierre. Sin respuesta. Sin despedida.

El duelo del terapeuta tiene, a menudo, una dimensión silenciada. No encaja fácilmente en los márgenes del rol profesional. Quien ha sido el sostén de otro no siempre encuentra un lugar legítimo para hablar de su propio dolor. Las instituciones no suelen estar preparadas para acoger esa dimensión. Los colegas pueden ofrecer apoyo, sí, pero también hay miradas que incomodan, que exigen fortaleza, que interpretan el sufrimiento como debilidad clínica.

En ese contexto, el duelo se vuelve una carga solitaria. Y es precisamente esa soledad la que lo hace más difícil de transitar. No se trata solo de tristeza, ni siquiera de culpa. Se trata de una fisura en la identidad profesional. De una pregunta que no deja de latir: "¿Y ahora, cómo seguir ejerciendo a partir de ahora?"

A lo largo de las sesiones posteriores, el terapeuta comenzó a dar forma a esa experiencia. No con discursos elaborados, sino a través de fragmentos, recuerdos, emociones que emergían sin orden. A veces se permitía hablar de él, del paciente, no solo como caso, sino como persona. Recordaba gestos, frases, momentos compartidos. Había también momentos de silencio prolongado, donde lo que dolía no podía decirse con palabras.

El proceso no tenía un objetivo cerrado. No se trataba de superar nada, ni de cerrar capítulos. Era más bien una tentativa de elaborar. De integrar lo vivido sin dejar que esa pérdida anulara el resto. A veces surgían dudas clínicas. En otras, solo el deseo de que alguien escuchara sin juicio. Sin necesidad de respuestas.

El duelo seguía presente. Persistente. No como un obstáculo, sino como una huella. Como una herida que, al doler, también revelaba el compromiso, la implicación, la humanidad de ese vínculo. El terapeuta no dejó de sentir culpa. Ni de preguntarse si podría volver a confiar plenamente en su criterio. Pero poco a poco, comenzó a habitar ese no saber con más honestidad. Con menos exigencia. Con un respeto más profundo por los límites de lo posible.

No hubo un momento exacto de cierre. Ni una conclusión. Tampoco una transformación evidente. Solo una progresiva disposición a seguir habitando la incertidumbre. A seguir ejerciendo, aunque fuera con una sensibilidad distinta. Más consciente. Más vulnerable. Más real.

Antes de despedirse al final de una de las últimas sesiones, mencionó, casi como al pasar, que había comenzado a escribir. No sabía bien qué era: si una carta, un informe que nunca enviaría, o simplemente una forma de poner en palabras lo que aún no comprendía. Pero escribir -dijo- le ayudaba a no olvidarlo. A sostener esa presencia sin que doliera tanto. A entender que, aunque no pudo salvarlo, el vínculo no había sido en vano.

No dijo si volvería.

Pero al cerrar la puerta, dejó tras de sí un eco distinto. No de alivio, pero sí de dignidad. La de alguien que, aun roto, había decidido permanecer un poco más. Aunque solo fuera para sostenerse a sí mismo esta vez.